Beck/Wachtler •

Grundlagen industrieller Geschäftsprozesse

D1695414

Das ganze Buchprogramm auf einen B(K)lick:
www.kiehl.de

Testen Sie das neue Kiehl-Portal:
Fachinfos und mehr rund um die Ausbildung.

azubee.de
Mein Azubiweb

Industrielle Geschäftsprozesse

Grundlagen industrieller Geschäftsprozesse

Von Dipl.-Hdl. Karsten Beck und
Dipl.-Hdl. Michael Wachtler

ISBN 978-3-470-**59171**-1 · 2009

© Friedrich Kiehl Verlag GmbH, Ludwigshafen (Rhein) 2009

Alle Rechte vorbehalten. Das Werk und seine Teile sind urheberrechtlich geschützt. Jede Nutzung in anderen als den gesetzlich zugelassenen Fällen bedarf der vorherigen schriftlichen Einwilligung des Verlages. Hinweis zu § 52 a UrhG: Weder das Werk noch seine Teile dürfen ohne eine solche Einwilligung eingescannt und in ein Netzwerk eingestellt werden. Dies gilt auch für Intranets von Schulen und sonstigen Bildungseinrichtungen.

Druck: Präzis-Druck, Karlsruhe – ba

Vorwort

Die neuen Trainingsmodule ermöglichen angehenden Industriekaufleuten ein individuelles Lernen in unterschiedlichen Fachgebieten. Sie enthalten zu jedem Thema das für die Prüfung notwendige Wissen, zeigen Lösungswege für prüfungstypische Aufgabenstellungen auf und ermöglichen zu jeder Zeit der Ausbildung ein persönliches Wissenstraining mit Aufgaben unterschiedlicher Schwierigkeitsstufen.

- Im **Wissensteil** finden Sie die Inhalte, die für die Prüfung wichtig sind.
- Im **Lernteil** erfahren Sie, wie Sie an Aufgabenstellungen herangehen und
- im **Trainingsteil** können Sie üben und Ihren Wissensstand jederzeit kontrollieren.

Beachten Sie dazu bitte auch den **Benutzerhinweis** auf Seite 6.

Im Rahmen des Prüfungsfachs „Industrielle Geschäftsprozesse" beschäftigt sich dieser Band speziell mit dem Lernfeld „Grundlagen industrieller Geschäftsprozesse". Wichtige Themen sind dabei die Unternehmensziele, die Grundlagen des betrieblichen Leistungsprozesses und die Betriebsorganisation.

Wir wünschen Ihnen eine erfolgreiche Ausbildung und freuen uns auf ein Feedback.

Erlangen, im Januar 2009

Karsten Beck
Michael Wachtler

Benutzerhinweis

Der Aufbau der Trainingsmodule

Die Trainingsmodule für Industriekaufleute folgen einem völlig neuen Lernkonzept. Durch die Zerlegung des gesamten Stoffs der dreijährigen Ausbildung in einzelne Module können sich Auszubildende individuell vorbereiten und ihr eigenes Lernprogramm zusammenstellen. Für jedes Prüfungsfach gibt es mehrere Module zu unterschiedlichen Themen. Jeder Band enthält einen Wissensteil, einen Lernteil und einen Trainingsteil.

 WISSEN

Der Wissensteil zeigt, was zum jeweiligen Thema gehört, strukturiert den Stoff und enthält in kompakter und übersichtlicher Form nur die Lerninformationen, die der Leser für die Prüfung braucht.

 LERNEN

Im Lernteil erfährt der Leser, wie er aus dem Labyrinth möglicher Aufgabenstellungen herausfindet, worauf er achten muss, wie er beim jeweiligen Thema an Aufgaben und Fälle herangeht und wo mögliche Stolpersteine liegen können.

 TRAINIEREN

Der Trainingsteil enthält Fragen, Aufgaben und Fälle auf unterschiedlichen Niveaustufen und in unterschiedlicher Methodik, z. B. offene Wissensfragen, Multiple-Choice-Aufgaben, Zuordnungsaufgaben, Rechenbeispiele, Situationsaufgaben und komplexe Fälle einschließlich deren Lösung.

Die Symbole

Die folgenden Symbole erleichtern Ihnen die Arbeit mit diesem Buch.

 LABYRINTH

Dieses Symbol führt Sie zu den Antworten auf die zentralen Fragen eines Themas oder einer Aufgabenstellung.

 MERKE

Die Hand macht auf wichtige Merksätze oder Definitionen aufmerksam.

 STOLPERSTEIN

Immer wenn das Ausrufezeichen auftaucht, ist Vorsicht geboten. Es zeigt typische Stolpersteine oder Fehler, die Prüflinge immer wieder begehen.

 TIPP

Hier finden Sie nützliche Zusatzinformationen und Hinweise.

INHALT SEITE

Industrielle Geschäftsprozesse

Modul 1 Grundlagen industrieller Geschäftsprozesse

I. Unternehmensziele

1. Unternehmensleitbild

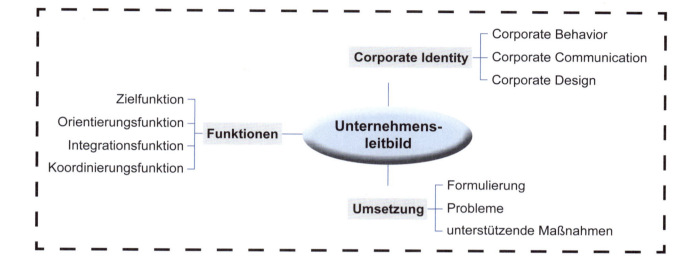

Was muss ich für die Prüfung wissen?

1.1 Sinn und Zweck eines Unternehmensleitbildes

Das Unternehmensleitbild bringt die Grundausrichtung der Unternehmung zum Ausdruck. Auf Basis des Unternehmensleitbildes werden konkrete Zielsetzungen definiert und in einem Zielsystem zueinander in Beziehung gesetzt.

Im Unternehmensleitbild wird die Unternehmensphilosophie in Form von Leitsätzen formuliert. Die langfristige Zielvorstellung eines Unternehmens und die für die Zielerreichung notwendigen Strategien sollen darin zum Ausdruck gebracht werden. Das Leitbild richtet sich nach außen und innen. Es dient der Profilierung des eigenen Unternehmens gegenüber der Konkurrenz (Außenwirkung). Gleichzeitig gibt es die Richtung und den Rahmen für das Handeln der Mitarbeiter im eigenen Unternehmen vor (Innenwirkung). Letztendlich soll eine Unternehmensidentität (Corporate Identity) geschaffen werden, die das eigene Unternehmen unverwechselbar macht und sich im Image des Unternehmens widerspiegelt. Im Idealfall sollte sich die angestrebte Corporate Identity mit dem in der Öffentlichkeit herrschenden Image des Unternehmens decken.

Es besteht eine Wechselwirkung mit der Unternehmenskultur, da einerseits die bestehende Unternehmenskultur (Ist-Zustand) das Leitbild beeinflusst, andererseits das Leitbild vorgibt, welche Unternehmenskultur angestrebt wird (Soll-Zustand) und sich die Umsetzung des Leitbildes auf die Unternehmenskultur auswirkt. Als Unternehmenskultur bezeichnet man die innerhalb eines Unternehmens vorherrschenden Werte und Normen.

1.2 Corporate Identity

Die einheitliche Unternehmensidentität (Corporate Identity), die durch das Unternehmensleitbild erreicht werden soll, besteht aus drei Säulen:

Corporate Behavior: einheitliche Verhaltens- und Handlungsweisen

Corporate Communication: einheitliche und aufeinander abgestimmte Kommunikation nach innen und außen

Corporate Design: einheitliches Erscheinungsbild durch optische Gestaltungsmöglichkeiten

Was erwartet mich in der Prüfung?

1. Das Lernlabyrinth

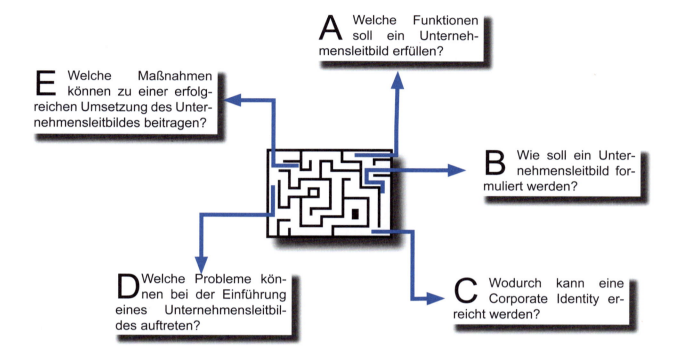

A Welche Funktionen soll ein Unternehmensleitbild erfüllen?

E Welche Maßnahmen können zu einer erfolgreichen Umsetzung des Unternehmensleitbildes beitragen?

B Wie soll ein Unternehmensleitbild formuliert werden?

D Welche Probleme können bei der Einführung eines Unternehmensleitbildes auftreten?

C Wodurch kann eine Corporate Identity erreicht werden?

2. Wege aus dem Labyrinth

 **A Welche Funktionen soll ein Unternehmensleitbild erfüllen?**

Ein Unternehmensleitbild erfüllt im Wesentlichen folgende Funktionen:

- **Zielfunktion:** Welche grundsätzlichen und langfristigen Unternehmensziele sollen angestrebt werden?

- **Orientierungsfunktion:** An welchen Werten, Normen und Regeln sollen sich die Mitarbeiter orientieren?

- **Integrationsfunktion:** Die Mitarbeiter sollen sich mit dem Unternehmen, seinen Zielsetzungen, Werten und Normen identifizieren können.

- **Koordinierungsfunktion:** Erscheinungsbild und Verhalten aller Unternehmenseinheiten bzw. Mitarbeiter sollen aufeinander abgestimmt werden.

 B Wie soll ein Unternehmensleitbild formuliert werden?

- **Prägnant:** Das Unternehmensleitbild soll kurz und prägnant in Form von Leitsätzen formuliert werden, damit es einfach zu merken ist. Die Zahl der Leitsätze soll überschaubar sein. Die Verwendung von Schlagwörtern und Schlüsselbegriffen macht das Leitbild einprägsamer.

- **Verständlich:** Damit möglichst alle Mitarbeiter das Leitbild verstehen, sollen die Sätze einfach formuliert und keine fachspezifischen Begriffe bzw. schwierige Fremdwörtern verwendet werden.

- **Zielorientiert:** Die Leitsätze sollen Zielcharakter haben. Aus der Formulierung muss ersichtlich sein, dass es sich um für alle Mitarbeiter verbindliche Vorgaben handelt.

- **Allgemein:** Ein Unternehmensleitbild sollte über einen längeren Zeitraum (i. d. R. mehrere Jahre) stabil bleiben. Die Leitsätze müssen demnach eher allgemein formuliert werden. Konkrete operative Zielsetzungen, die einer ständigen Aktualisierung bedürfen, gilt es im Leitbild zu vermeiden.

- **„Wir"-Form:** Das Unternehmensleitbild muss so formuliert sein, dass sich die Mitarbeiter mit ihm identifizieren. Hierzu empfiehlt sich die „Wir"-Form.

- **Aktiv:** Die Leitsätze sollen Mitarbeiter zum Handeln anregen. Aktive und handlungsorientierte Formulierungen fördern dies.

 **C Wodurch kann eine Corporate Identity erreicht werden?**

Eine Corporate Identity lässt sich erreichen über

- einheitliche Verhaltens- und Handlungsweisen (Corporate Behavior),

- eine einheitliche Kommunikation nach innen und außen (Corporate Communication),

- ein einheitliches Erscheinungsbild (Corporate Design).

Bestandteile einer Corporate Identity	Konkrete Ansatzpunkte für eine Vereinheitlichung:
Corporate Behavior	z. B. Kundenbetreuung, Mitarbeitergespräche, Verhalten in Krisensituationen, ethische und moralische Grundsätze
Corporate Communication	z. B. Internetauftritt, Intranet, E-Mail-Verkehr, Gesprächsführung, Telefonverhalten, Empfangsverhalten
Corporate Design	z. B. Architektur, Farbgestaltung, Kleidung, Firmenlogo, Produktdesign

 D Welche Probleme können bei der Einführung eines Unternehmensleitbildes auftreten?

Bei der Einführung eines Unternehmensleitbildes können insbesondere folgende Probleme auftreten:

a) Das Unternehmensleitbild ist zu oberflächlich („schwammig") formuliert. Es bietet den Mitarbeitern keine konkreten Anhaltspunkte für ihr betriebliches Handeln.

   Mögliche Folgen:
   ⇒ Das Leitbild wird von den Mitarbeitern nicht ernst genommen.
   ⇒ Die Mitarbeiter interpretieren das Leitbild unterschiedlich, so dass keine Corporate Identity entstehen kann.

b) Das Unternehmensleitbild ist zu starr. Es engt die Mitarbeiter zu sehr in ihrer Denkweise ein und lässt ihnen nur wenig Handlungsspielraum.

Mögliche Folgen:

⇒ Kreativität und neue Ideen werden blockiert, das Potenzial der Mitarbeiter wird nicht ausgeschöpft.

⇒ Den Mitarbeitern fällt es schwer, sich mit dem Leitbild zu identifizieren. Sie vertreten es nicht glaubwürdig und setzen es nur halbherzig um.

c) Das Unternehmensleitbild wird von der Öffentlichkeit nicht bzw. nicht in der gewünschten Weise wahrgenommen.

Mögliche Folgen:

⇒ Es ergeben sich keine positiven Impulse im Hinblick auf das Firmenimage.

⇒ Um das Firmenimage zu korrigieren, ist ein erhöhter PR-Aufwand erforderlich.

E Welche Maßnahmen können zu einer erfolgreichen Umsetzung des Unternehmensleitbildes beitragen?

Die erfolgreiche Einführung und Umsetzung eines Unternehmensleitbildes hängen von folgenden Faktoren ab:

• Leben die Führungskräfte das Unternehmensleitbild aktiv vor?

• Können sich die Mitarbeiter mit dem Unternehmensleitbild identifizieren?

• Wie wird das Unternehmensleitbild von der Öffentlichkeit wahrgenommen?

Faktoren	Bedeutung	Mögliche Maßnahmen
Führungskräfte-verhalten	Die Führungskräfte müssen die im Leitbild formulierte Unternehmensphilosophie aktiv vorleben.	Führungskräfteschulungen, Führungskräfterichtlinien
Mitarbeiter-identifikation	Die Mitarbeiter sollen die im Leitbild formulierten Zielsetzungen aus Überzeugung anstreben.	Mitarbeitergespräche, Anreizsysteme (z. B. Erfolgsprämien), Mitarbeiterbefragungen
Öffentliche Wahrnehmung	Die Öffentlichkeit soll das Unternehmensleitbild positiv wahrnehmen.	PR-Maßnahmen (Pressekonferenzen und /-berichte, Sponsoring, soziales Engagement etc.), Werbung

So trainiere ich für die Prüfung

Aufgaben

1. Wissensfragen

1.1 Lernfragen

1. Zählen Sie vier Funktionen auf, die ein Unternehmensleitbild erfüllen soll.

2. Begründen Sie, warum die Leitsätze in der Regel kurz und einfach formuliert sind.

3. Erläutern Sie, wie Corporate Behavior zu einer Corporate Identity beitragen kann.

4. Erläutern Sie, warum ein zu starres Unternehmensleitbild negative Konsequenzen hervorrufen kann.

5. Nennen Sie drei Maßnahmen, die zu einer besseren Wahrnehmung des Unternehmensleitbildes in der Öffentlichkeit beitragen können.

1.2 Mehrfachauswahl

Kreuzen Sie eine oder mehrere richtige Lösungen an.

1. In welcher Zeile wird die Integrationsfunktion eines Unternehmensleitbildes richtig beschrieben?

   a) Es gibt vor, an welchen Werten, Normen und Regeln sich die Mitarbeiter orientieren sollen.

   b) Es zeigt auf, welche grundsätzlichen und langfristigen Unternehmensziele angestrebt werden sollen.

   c) Es soll dazu beitragen, dass sich die Mitarbeiter mit dem Unternehmen, seinen Zielsetzungen, Werten und Normen identifizieren können.

   d) Erscheinungsbild und Verhalten aller Unternehmenseinheiten bzw. Mitarbeiter sollen aufeinander abgestimmt werden.

   e) Es sollen möglichst viele Geschäftsprozesse in das Unternehmen integriert werden.

2. Welche Aussage zur Formulierung eines Unternehmensleitbildes ist richtig?

   a) Es soll so ausführlich formuliert werden, dass möglichst kein betrieblicher Funktionsbereich unerwähnt bleibt.

   b) Es soll in Form von ausführlichen Leitsätzen formuliert werden, um die Komplexität der betrieblichen Strukturen widerzuspiegeln.

c) Es soll konkrete Handlungshilfen für bestimmte Problemsituationen des betrieblichen Alltags enthalten.

d) Es soll kurz und prägnant in Form von Leitsätzen formuliert werden.

e) Für die wichtigsten betrieblichen Kennzahlen sollten im Unternehmensleitbild konkrete Vorgaben gemacht werden.

3. Ordnen Sie folgende Maßnahmen dem entsprechenden Bestandteil von Corporate Identity zu:

a) Für die Mitarbeiter der Service-Hotline wird eine einheitliche Begrüßung der Kunden festgelegt.

b) Allen Einkaufsabteilungen wird ein Strategieleitfaden für die Vertragsverhandlungen mit Lieferanten zur Verfügung gestellt.

c) Das Empfangspersonal an den Eingangspforten trägt einheitliche Anzüge.

d) Für die E-Mail-Korrespondenz mit Geschäftspartnern werden den Mitarbeitern einheitliche Vorlagen zur Verfügung gestellt, die verbindlich verwendet werden müssen.

e) Zwei Mitarbeiter sprechen den Zeitpunkt ihrer Mittagspause spontan ab, damit das Büro nicht unbesetzt bleibt.

f) Neue Führungskräfterichtlinien werden eingeführt, die eine Übereinstimmung der betrieblichen Handlungen mit gesetzlichen Vorschriften und behördlichen Regelungen gewährleisten sollen.

Bestandteile von Corporate Identity	Maßnahmen
Corporate Behavior	
Corporate Communication	
Corporate Design	
Kein Bestandteil von Corporate Identity	

2. Fallsituation

Die Erlanger Optik GmbH stellt optische Messgeräte her, hat 2.400 Mitarbeiter und erzielte im letzten Geschäftsjahr einen Umsatz von 80 Mio. €. Das Unternehmen wurde vor 80 Jahren als Familienbetrieb gegründet und befindet sich auf Expansionskurs. Um zusätzliches Kapital für Wachstumsinvestitionen zu beschaffen, ist ein Börsengang und damit verbunden auch die Umwandlung der Rechtsform in eine Aktiengesellschaft geplant. Über die Hälfte des Umsatzes wird im Ausland erzielt, wobei Nordamerika der wichtigste Auslandsmarkt ist. Zukünftig soll auch der stark wachsende asiatische Markt als Absatzgebiet erschlossen werden. Die Geschäftsleitung ist der Ansicht, dass in Anbetracht dieser neuen Herausforderungen ein Unternehmensleitbild entwickelt werden muss.

a) Die Unternehmensleitung hat bereits auf eigene Faust einen Entwurf für das Leitbild erarbeitet, der ihren Vorstellungen entspricht. Sie haben die Aufgabe, diesen Entwurf zu überprüfen und ggf. zu verbessern. Führen Sie drei Kritikpunkte an, begründen Sie Ihre Kritik und unterbreiten Sie jeweils einen konkreten Vorschlag, wie man die betreffende Stelle sinnvoll umformulieren bzw. ergänzen könnte.

Unternehmensleitbild der Erlanger Optik GmbH

1. Wir sind ein innovatives Unternehmen mit einer 80-jährigen Tradition im Bereich der optischen Messgeräte. Zu unserer Produktpalette gehören Werkzeugvoreinstellgeräte für die CNC-Fertigung, Koordinaten-Messmaschinen, Rundlaufprüfgeräte, Höhenmessgeräte und Mikroskope. Unsere Produkte genügen höchsten Qualitätsansprüchen und wurden ständig weiterentwickelt, um unsere Kunden in ihrer Technologie und Wettbewerbsfähigkeit zu stärken. Für Forschung und Entwicklung haben wir in den letzten Jahren stets mehr als 5 Mio. € ausgegeben.

2. Wir wollen unseren Umsatz jährlich um 5 % steigern und das Vertrauen unserer Investoren durch gute Ergebnisse sowie einer Steigerung des Unternehmenswertes belohnen.

3. Wir engagieren uns intensiv für zahlreiche soziale Projekte, um bedürftigen Menschen zu helfen, und betreiben ein systematisches Umweltmanagement, damit auch künftige Generationen noch genügend Ressourcen sowie eine lebenswerte Umwelt vorfinden.

4. Unsere Mitarbeiter sind angehalten, sich stets weiterzubilden und Höchstleistungen zu erbringen. Kreative und leistungsbereite Mitarbeiter sind die Basis für unseren Unternehmenserfolg.

b) Durch Maßnahmen aus den Bereichen Corporate Behavior, Corporate Communication und Corporate Design soll eine Corporate Identity erreicht werden. Nennen Sie zu jedem der drei Bereiche jeweils eine konkrete Maßnahme.

c) Erklären Sie anhand eines Beispiels, wie die Führungskräfte zur erfolgreichen Umsetzung des Leitbildes beitragen könnten. Beziehen Sie sich dabei auf einen konkreten Leitsatz.

d) Ein Jahr nach Einführung des Leitbildes stellt sich heraus, dass sich viele Mitarbeiter nicht mit dem Leitbild identifizieren können. Die Unternehmensleitung hält es deshalb für notwendig, das Leitbild zu überarbeiten. Schlagen Sie drei Maßnahmen vor, die zu einer stärkeren Identifikation der Mitarbeiter mit dem Unternehmensleitbild führen könnten.

Lösungen

1. Wissensfragen

1.1 Lernfragen

1. Zielfunktion, Orientierungsfunktion, Integrationsfunktion, Koordinierungsfunktion

2. Kurze und einfache Formulierungen tragen dazu bei, dass die Mitarbeiter die Leitsätze leichter verstehen und besser merken können.

3. Einheitliche Handlungs- und Verhaltensweisen der Mitarbeiter (z. B. bei Vertragsverhandlungen mit Lieferanten oder der Kundenbetreuung) bewirken, dass das Unternehmen von den Partnern (Kunden, Lieferanten etc.) so wahrgenommen wird, wie es das Leitbild vorgibt. Dies festigt die Corporate Identity des Unternehmens.

4. Ein zu starres Unternehmensleitbild lässt den Mitarbeitern zu wenig Spielraum zur Selbstentfaltung. Die Mitarbeiter fühlen sich in ihrem Handlungsrahmen eingeengt und erledigen ihren „Dienst nach Vorschrift". Die Kreativität und Innovationskraft der Mitarbeiter werden nicht gefördert, das Potenzial der Mitarbeiter nicht ausgeschöpft.

5. Pressekonferenzen, Sponsoring von sozialen Projekten, Werbekampagne (z. B. TV-Werbung)

1.2 Mehrfachauswahl

1. c
   - a) Orientierungsfunktion
   - b) Zielfunktion
   - d) Koordinierungsfunktion
   - e) keine Funktion eines Unternehmensleitbildes

2. d
   - a) und b) zu umfangreich, zu komplex
   - c) und e) zu konkret, zu speziell

3.

Bestandteile von Corporate Identity	Maßnahmen
Corporate Behavior	**b, f**
Corporate Communication	**a, d**
Corporate Design	**c**
Kein Bestandteil von Corporate Identity	**e**

2. Fallsituation

a)

B

Kritik	Verbesserungsvorschlag
Punkt 1: zu viele Inhalte, zu viele technische Fachbegriffe, Zielorientierung fehlt, keine aktiven/handlungsorientierten Formulierungen	1. „Wir treiben Forschung und Entwicklung voran. Um unsere Kunden in ihrer Technologie und Wettbewerbsfähigkeit zu stärken, entwickeln wir unsere Produkte ständig weiter und erfüllen höchste Qualitätsansprüche."
Punkt 2: zu konkrete Vorgabe („5 %"), die ständig angepasst werden müsste	2. „Wir streben ein kontinuierliches und profitables Wachstum an. Das Vertrauen unserer Investoren wollen wir durch gute Ergebnisse sowie einer Steigerung des Unternehmenswertes belohnen."

Punkt 3: zu langer Satz, nicht prägnant, es fehlen Schlüsselbegriffe	3. „Wir tragen soziale und ökologische Verantwortung. [...]"
Punkt 4: der „Wir-Gedanke" fehlt	4. „Wir motivieren unsere Mitarbeiter zu Höchstleistungen. [...]"
Die globale/internationale Ausrichtung des Unternehmens wird nicht angesprochen	5. „Wir denken und handeln global. Mit unseren innovativen Produkten wollen wir neue Märkte in der ganzen Welt erschließen."

C

b)

Corporate Behavior: Einheitliche Richtlinien für die Verhandlungsstrategie bei Vertragsverhandlungen mit Kunden

Corporate Communication: Einheitliche Fußleiste für die E-Mail-Korrespondenz mit Geschäftspartnern

Corporate Design: Einheitliche Kleidung des Empfangspersonals an den Eingängen der Werks- und Bürogebäude

E

c)

z. B. Leitsatz 3: soziale Verantwortung

Die Führungskräfte gehen mit gutem Beispiel voran und engagieren sich selbst für soziale Projekte. Mögliche Maßnahmen: Mithilfe beim Bau eines Kindergartens oder Pflege alter Menschen auf Zeit (z. B. eine Woche im Seniorenheim).

Die Vorbildfunktion der Führungskräfte sorgt für mehr Glaubwürdigkeit unter der Belegschaft und könnte die Mitarbeiter ebenfalls zu sozialem Engagement motivieren.

D, E

d)

Mitarbeiterbefragung: Die Inhalte des neuen Leitbildes werden durch eine repräsentative Mitarbeiterbefragung erhoben. Damit wäre sichergestellt, dass die Vorstellungen der Arbeitnehmer im Unternehmensleitbild verankert sind.

Zielvereinbarungen: Es finden regelmäßige Zielvereinbarungsgespräche zwischen den Führungskräften und den Mitarbeitern statt (z. B. einmal pro Jahr). Die Mitarbeiter setzen sich selbst Ziele, die mit der Führungskraft abgesprochen und von dieser überprüft werden. Die Führungskraft sollte dabei darauf achten, dass die Ziele im Konsens mit dem Unternehmensleitbild stehen.

Erfolgsprämien: Die Arbeitnehmer erhalten für das Erreichen der vereinbarten Ziele eine Prämie. Sie haben somit das Gefühl, dass ihr Einsatz für die Umsetzung des Unternehmensleitbildes belohnt wird.

2. Betriebliches Zielsystem

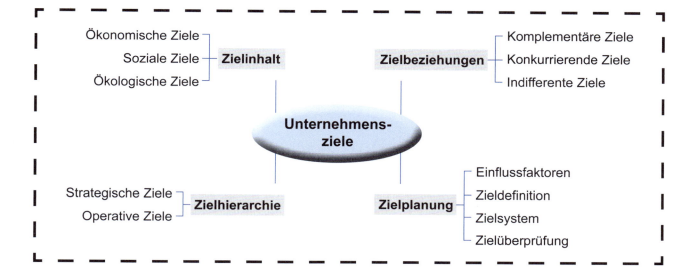

Was muss ich für die Prüfung wissen?

2.1 Arten von Unternehmenszielen nach deren Inhalt

Ökonomische Ziele:

Erwerbswirtschaftliche Betriebe streben nach Gewinnerzielung und handeln dabei nach dem Ökonomischen Prinzip.

Ökonomisches Prinzip:

Das ökonomische Prinzip besagt, dass Nutzen und Mitteleinsatz in einem optimalen Verhältnis zueinander stehen sollen. Hierbei werden zwei Varianten unterschieden:

- **Minimalprinzip:**

  Einen bestimmten Nutzen mit möglichst geringem Mitteleinsatz erreichen.
  Oder:
  Einen bestimmten Ertrag mit möglichst geringem Aufwand erreichen.
  Eine bestimmte Leistung mit möglichst geringen Kosten erreichen.

- **Maximalprinzip:**

  Mit einem vorgegebenen Mitteleinsatz einen möglichst großen Nutzen erzielen.
  Oder:
  Mit einem vorgegebenen Aufwand einen möglichst hohen Ertrag erzielen.
  Mit vorgegebenen Kosten eine möglichst hohe Leistung erzielen.

Ökonomische (wirtschaftliche) Zielgrößen:
Absatzbezogene Zielgrößen:

- Absatz: Menge der verkauften Erzeugnisse
- Umsatz: Wert der verkauften Erzeugnisse (Verkaufserlöse)

- Marktanteil: Anteil des eigenen Absatzes (bzw. Umsatzes) am gesamten Absatz (Umsatz) der Branche

Gewinnbezogene Zielgrößen:

- Gewinn (Jahresüberschuss) = Erträge - Aufwendungen
  (Kosten- und Leistungsrechnung: Betriebsergebnis = Leistung - Kosten)

- EBIT (Earnings before Interest and Taxes): Ergebnis vor Zinsen und Steuern

$$
\begin{array}{ll}
& \text{Jahresüberschuss} \\
+/- & \text{außerordentliches Ergebnis} \\
+ & \text{Steueraufwand} \\
- & \text{Steuererträge} \\
+/- & \text{Finanzergebnis} \\
\hline
= & \text{EBIT}
\end{array}
$$

Das EBIT stellt das Ergebnis der gewöhnlichen Geschäftstätigkeit dar. Andere Bezeichnungen für das EBIT sind unter anderem operativer Gewinn, Betriebsergebnis und operatives Ergebnis.

- Wirtschaftlichkeit $= \dfrac{\text{Erträge}}{\text{Aufwendungen}}$

  Kosten- und Leistungsrechnung: Wirtschaftlichkeit $= \dfrac{\text{Leistung}}{\text{Kosten}}$

Rentabilitätskennzahlen:

- Umsatzrentabilität $= \dfrac{\text{Gewinn} \cdot 100\ \%}{\text{Umsatz}}$

- Eigenkapitalrentabilität $= \dfrac{\text{Gewinn} \cdot 100\ \%}{\text{Eigenkapital}}$

- Gesamtkapitalrentabilität $= \dfrac{(\text{Gewinn} + \text{Fremdkapitalzinsen}) \cdot 100\ \%}{\text{Gesamtkapital}}$

- ROI (Return on Investment) $= \dfrac{\text{Gewinn} \cdot 100\ \%}{\text{eingesetztes Kapital}}$

Bezieht sich der ROI auf die Rentabilität des gesamten Unternehmens, kann man das eingesetzte Kapital mit dem Gesamtkapital gleichsetzen. Soll die Rentabilität einer einzelnen Investition berechnet werden, zieht man nur das für die Investition benötigte Kapital heran.

- ROCE (Return on Capital Employed) $= \dfrac{\text{EBIT} \cdot 100\ \%}{\text{eingesetztes Kapital}}$

Liquiditätsbezogene Zielgrößen:

- Liquidität 1. Grades $= \dfrac{\text{flüssige Mittel} \cdot 100\ \%}{\text{kurzfristige Verbindlichkeiten}}$

  Flüssige Mittel: Bankguthaben, Kassenbestand, Schecks
  Kurzfristige Verbindlichkeiten: Verbindlichkeiten mit Restlaufzeit von bis zu 1 Jahr

- Liquidität 2. Grades $= \dfrac{(\text{flüssige Mittel} + \text{kurzfristige Forderungen}) \cdot 100\ \%}{\text{kurzfristige Verbindlichkeiten}}$

  Kurzfristige Forderungen: Forderungen mit einer Restlaufzeit von bis zu 1 Jahr

- Liquidität 3. Grades $= \dfrac{(\text{flüssige Mittel} + \text{kurzfristige Forderungen} + \text{Vorräte}) \cdot 100\ \%}{\text{kurzfristige Verbindlichkeiten}}$

- Cashflow: Zunahme der flüssigen Mittel

  Berechnung nach der direkten Methode:
  Cashflow = zahlungswirksame Erträge - zahlungswirksame Aufwendungen
  Berechnung nach der indirekten Methode (vereinfacht):
  Cashflow = Jahresüberschuss (gemäß GuV) + Abschreibungen + Erhöhung der Rückstellungen

Auf den Einsatz von Produktionsfaktoren bezogene Zielgrößen:

- Produktivität (allg.) $= \dfrac{\text{Output}}{\text{Input}}$

- Arbeitsproduktivität $= \dfrac{\text{Ausbringungsmenge}}{\text{geleistete Arbeitsstunden}}$

  oder $= \dfrac{\text{Ausbringungsmenge}}{\text{Mitarbeiterzahl}}$

- Kapitalproduktivität $= \dfrac{\text{Ausbringungsmenge}}{\text{eingesetztes Kapital}}$

Anstelle der Ausbringungsmenge kann auch der Produktionswert eingesetzt werden.

Soziale Ziele

Die sozialen Ziele orientieren sich an den Bedürfnissen der Arbeitnehmer und der Gesellschaft. Zu den wichtigsten sozialen Zielen gehören:

- Schaffung und Sicherung von Arbeitsplätzen

- gerechte Vergütung der Arbeitsleistung

- soziale Leistungen, die über die gesetzlich bzw. tariflich vorgeschriebenen Mindestleistungen hinausgehen (z.B. betriebliche Altersversorgung, Urlaubsgeld, Weihnachtsgeld, vermögenswirksame Leistungen, Betriebswohnungen, Betriebskantine, Betriebssportstätten)

- Mitbestimmung der Arbeitnehmer

- Berufliche Förderung der Mitarbeiter (Fort- und Weiterbildungsmaßnahmen, Umschulungen)

- Familienfreundliche Personalpolitik (z.B. Elternzeit, Wiedereinstellungsgarantien)

- Integration und Förderung benachteiligter Gruppen (z.B. Behinderte, schwer vermittelbare Jugendliche ohne Ausbildungsplatz)

- Unterstützung gemeinnütziger Projekte und Einrichtungen (z.B. Schulen, Kindergärten, Bibliotheken, Hilfe für Katastrophenopfer)

Ökologische Ziele

Die Erhaltung einer intakten Umwelt ist notwendig, um zukünftigen Generationen eine natürliche Lebensgrundlage sichern zu können. Wichtige ökologische Ziele sind:

- Verringerung des Schadstoff- und CO_2-Ausstoßes

- Minimierung des Einsatzes natürlicher Ressourcen

- Abfallvermeidung bzw. -verminderung

- Umsetzung einer Kreislaufwirtschaft (z.B. durch Recycling)

Mithilfe eines Umweltmanagementsystems sollen die angestrebten Ziele konsequent und systematisch umgesetzt werden. Durch ein Öko-Audit (z.B. nach ISO 14000 ff.) unterzieht sich ein

Unternehmen einer Umweltbetriebsprüfung. Die von einem Umweltgutachter geprüfte Umwelterklärung dokumentiert die Ergebnisse des Öko-Audits.

2.2 Zielhierarchie

Je nach dem Zeithorizont, innerhalb dessen die Ziele erreicht werden sollen, unterscheidet man strategische und operative Ziele.

Art des Ziels	Zeithorizont für die Zielrealisierung
Leitziele	dauerhaft (über Jahrzehnte gültig)
Strategische Ziele	längerfristig (ca. 5 bis 10 Jahre)
Operative Ziele	kurz bis mittelfristig (ca. 1 bis 2 Jahre)

Die Leitziele sind im Unternehmensleitbild fixiert. Die strategischen Ziele orientieren sich an den Leitzielen. Operative Ziele dienen in der Regel der konkreten Umsetzung der strategischen Ziele. Sie sind den strategischen Zielen untergeordnet und haben oft schon Maßnahmencharakter. Insgesamt entsteht eine Zielhierarchie aus übergeordneten und untergeordneten Zielen.

2.3 Zielbeziehungen

Bei der Umsetzung der Ziele können wechselseitige Beziehungen zwischen einzelnen Zielen auftreten:

Art der Beziehung	Definition
Komplementäre Ziele	Zwischen komplementären Zielen herrscht Zielharmonie. Sie ergänzen bzw. fördern sich gegenseitig.
Konkurrierende Ziele	Zwischen konkurrierenden Zielen besteht ein Zielkonflikt. Sie befinden sich im Widerspruch zueinander.
Indifferente Ziele	Zwischen indifferenten Zielen besteht kein wechselseitiger Einfluss. Sie stehen in einem neutralen Verhältnis zueinander.

2.4 Zielplanung

Die Planung von Unternehmenszielen ist ein aus verschiedenen Teilschritten bestehender Prozess.

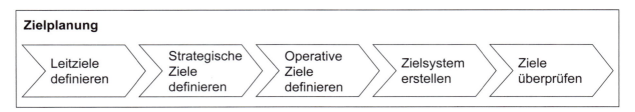

Leitziele definieren:

Frage: Welche grundlegenden Ziele verfolgt das Unternehmen auf Dauer?
(siehe Kapitel „Unternehmensleitbild")

Strategische Ziele definieren:

Frage: Welche übergeordneten Ziele werden längerfristig (5 bis 10 Jahre) angestrebt?

Operative Ziele definieren:

Frage: Welche konkreten Ziele werden kurz- bis mittelfristig (1 bis 2 Jahre) angestrebt?

Zielsystem erstellen:

Aus der Vielzahl der Einzelziele wird ein Zielsystem gebildet.

Mögliche Gliederungskriterien für ein Zielsystem:

- Fristigkeit: Gliederung nach dem Zeithorizont für die Zielerfüllung

- Priorität: Gliederung nach der Wichtigkeit der Ziele

- Konkretisierungsgrad: Gliederung in Oberziele und Unterziele. Die Unterziele werden aus den Oberzielen abgeleitet und konkretisieren diese.

- Funktions- bzw. Prozessbezogenheit: Gliederung nach der Zugehörigkeit zu einem bestimmten Funktionsbereich bzw. Prozess

Entwicklung eines Kennzahlensystems:

Die für den Unternehmenserfolg relevanten Messgrößen werden in einem Kennzahlensystem dargestellt, das den Führungskräften einen Überblick über die entscheidenden Erfolgsfaktoren liefert. Ein weit verbreitetes Konzept für die Entwicklung eines solchen Kennzahlensystems ist die Balanced Scorecard.

Balanced Scorecard:

Die Balanced Scorecard ist ein Kontrollinstrument, das die kritischen Erfolgsfaktoren das Unternehmen in Form von konkreten Kennzahlen messbar macht und dabei die verschiedenen strategischen Perspektiven möglichst ausgewogen abbildet.

Perspektiven einer Balanced Scorecard:

- Finanzperspektive: Welche Faktoren sind zur Beurteilung des finanziellen Erfolges des Unternehmens maßgebend?

- Kundenperspektive: Welche Faktoren sind für die Kunden entscheidend?

- Prozessperspektive: Welche internen Prozesse sind für den Unternehmenserfolg ausschlaggebend?

- Innovationsperspektive: Welche Faktoren sind für die Lernfähigkeit und Innovationskraft des Unternehmens entscheidend?

Ziele überprüfen:

Die Kennzahlen ermöglichen einen Soll-Ist-Vergleich. Abweichungen bieten Ansatzpunkte für korrigierende Maßnahmen und evtl. erforderliche Zielanpassungen. Damit wird die Zielplanung und -überwachung zu einem revolvierenden Prozess, der immer wieder zu Änderungen im Zielsystem führt.

Was erwartet mich in der Prüfung?

1. Das Lernlabyrinth

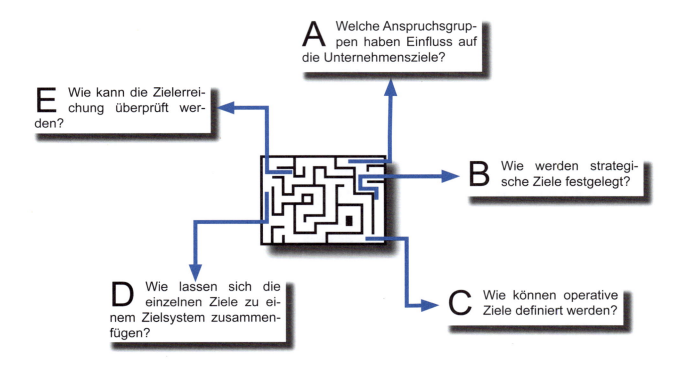

A Welche Anspruchsgruppen haben Einfluss auf die Unternehmensziele?

E Wie kann die Zielerreichung überprüft werden?

B Wie werden strategische Ziele festgelegt?

D Wie lassen sich die einzelnen Ziele zu einem Zielsystem zusammenfügen?

C Wie können operative Ziele definiert werden?

2. Wege aus dem Labyrinth

A **Welche Anspruchsgruppen haben Einfluss auf die Unternehmensziele?**

Bevor die Unternehmensleitung Ziele festlegt, muss analysiert werden, welchen Interessengruppen die Unternehmensziele Rechnung tragen sollen. Verschiedene Anspruchsgruppen (Stakeholder) können die Zielsetzungen beeinflussen.

Anspruchs-gruppe	Wesentliche Erwartungen an das Unternehmen	Einflussmöglichkeiten
Eigentümer/ Anteilseigner (Shareholder)	Shareholder Value: Gewinnausschüttung, Steigerung des Unternehmenswertes, hohe Eigenkapitalrendite	Je nach Rechtsform: Stimmrechte bei der Gesellschafter-/Hauptversammlung, Arbeitgebervertreter im Aufsichtsrat
Mitarbeiter	Arbeitsplatzsicherheit, gerechte Vergütung, angenehme Arbeitsbedingungen, Aufstiegschancen	Je nach Rechtsform: Arbeitnehmervertreter im Aufsichtsrat, Tarifverhandlungen, Betriebsvereinbarungen
Kunden	angemessenes Preis-Leistungsverhältnis, Zuverlässigkeit, Qualität, Service	Gestaltung von Einkaufsbedingungen, Vertragsverhandlungen

Kreditgeber	Kreditwürdigkeit, vertragsgemäße Rückzahlung der Kredite, Zinszahlungen	Kreditverhandlungen, Bonitätseinstufungen (Rating)
Lieferanten	faire Preise, konstruktive Zusammenarbeit, Zahlungssicherheit	Gestaltung von Liefer- und Zahlungsbedingungen, Vertragsverhandlungen
Staat und Gesellschaft	Steuerzahlungen, Arbeitsplätze, gesellschaftliche und ökologische Verantwortung	Gesetze, Verordnungen, Subventionen, öffentliche Meinung
Wettbewerber	faires Wettbewerbsverhalten	Absatzpolitik (z. B. Preisgestaltung, Werbung)

Der Einfluss der einzelnen Anspruchsgruppen kann unterschiedlich groß sein. Er ist insbesondere abhängig von der Rechtsform des Unternehmens, der Tarifbindung des Arbeitgebers, dem Grad der gewerkschaftlichen Organisation der Arbeitnehmer und den Marktverhältnissen.

Bei Aktiengesellschaften steht beispielsweise häufig der Shareholder Value im Vordergrund, da die Aktionäre über die Stimmrechtsausübung in der Hauptversammlung und die Aktionärsvertreter im Aufsichtsrat starken Einfluss ausüben.

Ist ein Betrieb tarifgebunden und sind die Arbeitnehmer in hohem Maße gewerkschaftlich organisiert, können Arbeitnehmerinteressen leichter durchgesetzt werden.

Auf einem Käufermarkt ist ein Unternehmen oft gezwungen, die Erwartungen der Kunden (z. B. Preisvorstellungen, Liefer- und Zahlungsbedingungen) zu akzeptieren, während ein Monopolist hierauf weniger Rücksicht nehmen muss.

 **B** **Wie werden strategische Ziele festgelegt?**

Strategische Ziele orientieren sich am Leitbild des Unternehmens. Die Fragestellung lautet: Wie können wir die Leitidee in den nächsten 5 bis 10 Jahren realisieren?

Beispiel: Leitziel „Wachstum des Unternehmens" als Ausgangspunkt

Zielebene	Fragestellung	Beispiel
Leitziele	Welche Ziele sollen dauerhaft verfolgt werden?	Wachstum des Unternehmens
Strategische Ziele	Wie können wir die Leitidee in den nächsten 5 bis 10 Jahren realisieren?	Neue Märkte im Ausland erschließen

 Die strategischen Ziele müssen sich im Einklang mit dem Unternehmensleitbild befinden.

Studieren Sie deshalb zunächst das Unternehmensleitbild, bevor Sie strategische Ziele festlegen.

 **C Wie können operative Ziele definiert werden?**

Operative Ziele konkretisieren die strategischen Ziele. Die Fragestellung lautet: Wie können wir die strategischen Ziele in den nächsten 1 bis 2 Jahren umsetzen und messbar machen?

 Wenden Sie bei der Auswahl und Formulierung der operativen Ziele die sog. „SMART"-Formel an:

- **S**pezifisch: Die Ziele sollen konkret und eindeutig sein.

- **M**essbar: Die Zielerreichung muss messbar sein.

- **A**ttraktiv: Die betroffenen Mitarbeiter müssen sich mit dem Ziel identifizieren können.

- **R**ealistisch: Die Ziele müssen erreichbar sein. Zu hoch gesteckte Ziele wirken demotivierend.

- **T**erminiert: Für die Zielerreichung muss ein Termin bzw. Zeithorizont vorgegeben sein.

Beispiel:

Zielebene	Fragestellung	Beispiel
Leitziele	Welche Ziele sollen dauerhaft verfolgt werden?	Wachstum des Unternehmens
Strategische Ziele	Wie können wir die Leitidee in den nächsten 5 bis 10 Jahren realisieren?	Neue Märkte im Ausland erschließen
Operative Ziele	Wie können wir die strategischen Ziele in den nächsten 1 bis 2 Jahren umsetzen und messbar machen?	Exportumsatz im nächsten Geschäftsjahr um 10 % steigern

Erläuterung:

- **S**pezifisch: Es wird speziell der Export angesprochen; je nach Größe und Struktur der Exportabteilung kann eine noch detailliertere Gliederung in Unterziele erfolgen: z. B. Umsatz Nordamerika, Umsatz Asien etc.

- **M**essbar: Als Messgröße wird der Umsatz herangezogen. Der Umsatz lässt sich anhand von Verkaufsstatistiken zahlenmäßig erfassen. Die Zielerreichung (+ 10 %) kann somit überprüft werden.

- **A**ttraktiv: Die Vertriebsmitarbeiter haben eine Vorgabe, die sie anstreben. Dies gilt insbesondere dann, wenn die Zielerfüllung mit Leistungsanreizen verbunden ist (z. B. Provisionen, Leistungszulagen etc.).

- **R**ealistisch: Die Steigerungsrate von 10 % muss so gewählt sein, dass sie von den Mitarbeitern auch erreicht werden kann. Um dies beurteilen zu können, sollte die Marktsituation zuvor analysiert werden (Sättigungsgrad, Marktpotenzial, Marktanteile der Konkurrenz etc.).

- **T**erminiert: Durch die Zeitangabe „im nächsten Geschäftsjahr" ist ein Termin für die Zielrealisierung abgesteckt.

Die strategischen Ziele müssen sich im Einklang mit dem Unternehmensleitbild befinden. Oft werden Ziele festgelegt, deren Erfüllung später nicht nachvollziehbar ist. Stellen Sie sicher, dass Ihre Ziele auch wirklich messbar sind.

 Was man nicht messen kann, kann man auch nicht steuern.

 Suchen Sie für jedes Ziel eine geeignete Kennzahl, mit deren Hilfe Sie die Zielerreichung quantitativ erfassen können.

 **D Wie lassen sich die einzelnen Ziele zu einem Zielsystem zusammenfügen?**

Die Einzelziele des Unternehmens werden schließlich zu einem in sich stimmigen Zielsystem zusammengefasst. Dabei sollen die Einzelziele alle für den Erfolg des Unternehmens wesentlichen Faktoren widerspiegeln. Der Aufbau des Zielsystems orientiert sich an der zu Grunde liegenden Zielhierarchie (Leitidee, strategische Ziele, operative Ziele). In der Praxis ist die Balanced Scorecard eine weit verbreitete Konzeption zur Entwicklung eines solchen Zielsystems.

Erstellen einer Balanced Scorecard:

1. Schritt: Vision identifizieren – Wohin soll sich das Unternehmen entwickeln?
2. Schritt: Strategie festlegen – Wie soll diese Vision erreicht werden?
3. Schritt: Perspektiven definieren – An welchen Perspektiven sollen sich die Unternehmensziele ausrichten?
4. Schritt: Kritische Erfolgsfaktoren bestimmen – Welche konkreten Ziele sollen für die verschiedenen Perspektiven verfolgt werden?
5. Schritt: Kennzahlen definieren – Wie kann das Erreichen der Ziele gemessen werden?

Beispiel für die Entwicklung einer Balanced Scorecard:

Vision	Kontinuierliches Wachstum des Unternehmens			
Strategien	• Neue Märkte im Ausland erschließen • Technologieführerschaft			
Perspektiven	Finanzen	Kunden	Prozesse	Innovation
Kritische Erfolgsfaktoren	z. B. Profitabilität	z. B. Kundenzufriedenheit	z. B. hohe Qualität	z. B. neue Technologien
Kennzahlen	z. B. Gewinn	z. B. Marktanteil	z. B. Ausschussquote	z. B. Anzahl der Patente

Das Balanced-Scorecard-Konzept gibt sich mit der bloßen Definition von Kennzahlen nicht zufrieden. Aus den Kennzahlen werden Maßnahmen abgeleitet, mit deren Hilfe sich die Kennzahlen verbessern und die Ziele erreichen lassen. Die Zielerreichung wird fortlaufend überprüft und die Scorecard kontinuierlich weiterentwickelt.

Untersuchen Sie die Zielbeziehungen. Ideal wäre eine Zielharmonie. Jedoch lässt es sich bei der Vielzahl von Einzelzielen kaum vermeiden, dass auch Zielkonflikte auftreten. Es sollte allerdings nicht vorkommen, dass sich Ziele gegenseitig ausschließen oder in einem extremen Widerspruch zueinander stehen.

Beispiel 1:
Materialversorgungssicherheit erhöhen - Materialbestände senken

Diese Ziele schließen sich nicht aus, da für eine Versorgungssicherheit mit Material nicht zwangsläufig hohe Vorräte notwendig sind. Eine gut funktionierende Logistik z. B. kann auch bei niedrigen Lagerbeständen Versorgungssicherheit gewährleisten. Beide Ziele können in das Zielsystem aufgenommen werden.

Beispiel 2:
Mitarbeiterzufriedenheit steigern - Löhne kürzen

Diese beiden Ziele stehen in einem offenen Widerspruch zueinander. Niedrigere Löhne dürften sich in jedem Fall negativ auf die Mitarbeiterzufriedenheit auswirken. Es macht demnach keinen Sinn, beide Ziele in das Zielsystem zu integrieren. Setzen Sie Prioritäten und entscheiden Sie sich für das wichtigere Ziel.

 Sorgen Sie für eine Ausgewogenheit des Zielsystems. Alle für den Unternehmenserfolg entscheidenden Perspektiven müssen berücksichtigt werden. Ein vorstrukturierter Aufbau (z. B. in Form einer Balanced Scorecard mit 4 Perspektiven) bietet hierfür eine geeignete Hilfestellung.

 **E Wie kann die Zielerreichung überprüft werden?**

Für die operativen Zielgrößen wird ein Soll-Ist-Vergleich durchgeführt. Die angestrebten Soll-Werte werden den tatsächlichen Werten gegenübergestellt.

Mögliche Quellen für die Ist-Werte:

- Ökonomische Ziele: Finanzbuchhaltung, GuV, Bilanz, Verkaufsstatistiken etc.

- Ökologische Ziele: Ökobilanz, Öko-Audit etc.

- Soziale Ziele: Mitarbeiterbefragung, Personalstatistiken etc.

Für die ökonomischen Kennzahlen lassen sich die Ist-Werte in der Regel relativ einfach ermitteln, da hier aus gesetzlichen und betrieblichen Gründen eine umfangreiche Datenbasis vorhanden ist (Buchführungspflicht, betriebliche Kosten- und Leistungsrechnung).

 Benötigt man für die Ermittlung eines Ist-Wertes Zahlen aus der Bilanz (z. B. die Höhe des Eigenkapitals), so ist zu berücksichtigen, dass sich die Werte im Laufe des Geschäftsjahres ändern können.

Nehmen Sie in so einem Fall Durchschnittswerte (z. B. Durchschnitt aus Anfangs- und Endbestand) für die Berechnung der Kennzahl.

Schwieriger gestaltet sich oft die Suche nach den Ist-Werten bei ökologischen oder sozialen Zielen, wo zum Teil nicht auf bereits vorhandenes Zahlenmaterial zurückgegriffen werden kann.

Um die Erfüllung von Zielen zu messen, für die noch keine Datenbasis besteht, kann eine eigene Erhebung durchgeführt werden. Die Mitarbeiterzufriedenheit lässt sich z. B. durch eine Mitarbeiterbefragung erfassen. Die Befragung muss allerdings so gestaltet sein, dass die Ergebnisse quantifizierbar sind (standardisierte Fragebögen), da nur so eine sinnvolle Auswertung möglich ist. Geeignete Medien, z. B. Internet bzw. Intranet können derartige Befragungen erleichtern (Onlinebefragung).

Um das Ausmaß der Zielerreichung besser darstellen zu können, kann man den Zielerreichungsgrad (Zielerfüllungsgrad) ausrechnen.

$$\text{Zielerreichungsgrad} = \frac{\text{Ist-Wert}}{\text{Soll-Wert}} \cdot 100\,\%$$

Beispiel: Marktanteil
Soll-Wert: 10 % Marktanteil
Ist-Wert: 9 % Marktanteil

$$\text{Zielerreichungsgrad} = \frac{9\,\%}{10\,\%} \cdot 100\,\% = 90\,\%$$

Das Ziel wurde also zu 90 % erfüllt.

Die Zielüberprüfung dient zugleich auch der Steuerung. Merkt man schon früh, dass die Zielerreichung in Gefahr ist, können evtl. noch rechtzeitig korrigierende Maßnahmen eingeleitet werden. Um bereits während des Geschäftsjahres Rückschlüsse im Hinblick auf die Zielerreichung ziehen zu können, empfiehlt sich daher eine monatliche bzw. quartalsweise Berichterstattung.

So trainiere ich für die Prüfung

Aufgaben

1. Wissensfragen

1.1 Lernfragen

1. Zählen Sie vier Anspruchsgruppen auf, die Einfluss auf die Unternehmenszielsetzungen einer Aktiengesellschaft ausüben können.

2. Erläutern Sie, warum eine Aktiengesellschaft bei der Zielplanung anderen Einflussfaktoren unterworfen ist als ein Einzelunternehmen.

3. Nennen Sie je zwei Beispiele für ökonomische, soziale und ökologische Ziele.

4. Führen Sie jeweils ein Beispiel für komplementäre, konkurrierende und indifferente Ziele an.

5. Nennen Sie zu dem strategischen Ziel „Kosteneffizienz erhöhen" drei mögliche operative Unterziele, die im nächsten Geschäftsjahr angestrebt werden sollen.

6. Nennen Sie die vier Perspektiven einer Balanced Scorecard und führen Sie zu jeder Perspektive zwei kritische Erfolgsfaktoren an.

7. Geben Sie zwei mögliche Kennzahlen für den Erfolgsfaktor „neue Technologien" an.

8. Unterbreiten Sie einen Vorschlag, wie man die Erfüllung des Ziels „Kundenzufriedenheit" messen kann.

1.2 Mehrfachauswahl

Kreuzen Sie eine oder mehrere richtige Lösungen an.

1. In welcher Zeile wird das Minimalprinzip zutreffend definiert?

    a) Einen bestimmten Nutzen mit einem vorgegebenen Aufwand erreichen.

    b) Eine möglichst hohe Leistung mit möglichst geringen Kosten erbringen.

    c) Mit den gegebenen Mitteln den höchstmöglichen Ertrag erzielen.

    d) Mit möglichst geringem Aufwand einen möglichst geringen Ertrag erwirtschaften.

    e) Einen bestimmten Ertrag mit möglichst geringem Aufwand erzielen.

2. Welche der folgenden Kennzahlen berücksichtigt den für die Gewinnerzielung erbrachten Kapitaleinsatz?

a) Arbeitsproduktivität

b) Umsatzrentabilität

c) Gesamtkapitalrentabilität

d) Wirtschaftlichkeit

e) Cashflow

3. Welche der folgenden Kennzahlen lassen eine unmittelbare Schlussfolgerung auf die Gewinnsituation des Unternehmens zu?

a) Liquidität 1. Grades

b) Wirtschaftlichkeit

c) Cashflow

d) Umsatz

e) Kapitalproduktivität

f) Jahresüberschuss

g) Gesamtkosten

4. Bringen Sie die folgenden Schritte zur Entwicklung einer Balanced Scorecard in die richtige Reihenfolge:

Bearbeitungsschritt	Reihenfolge (Ziffer 1 bis 5)
Strategie festlegen	
Perspektiven definieren	
Vision identifizieren	
Kennzahlen definieren	
Kritische Erfolgsfaktoren bestimmen	

5. Ordnen Sie folgende Kennzahlen den betreffenden Perspektiven einer Balanced Scorecard zu:

a) Anzahl der Neukunden pro Jahr

b) Liquidität 1. Grades

c) Anzahl der Verbesserungsvorschläge pro Mitarbeiter in einem Jahr

d) Ausschussquote in der Produktion

e) Eigenkapitalrentabilität

f) Anzahl der Weiterbildungsmaßnahmen pro Mitarbeiter im Jahr

Perspektiven einer Balanced Scorecard	Kennzahlen
Finanzen	
Kunden	
Prozesse	
Innovation und Lernfähigkeit	

6. Ordnen Sie folgende Zielpaare der entsprechenden Zielbeziehung zu:

a) Bekanntheitsgrad der Produkte erhöhen - Werbeausgaben senken

b) Produktivität steigern - Mitarbeiterqualifikation fördern

c) Energieverbrauch senken - Mitarbeiterzufriedenheit steigern

d) Umsatz steigern - neue Abnehmergruppen erschließen

e) Eigenkapitalrentabilität steigern - Gewinn erhöhen

Zielbeziehung	Zielpaare
Komplementäre Ziele	
Indifferente Ziele	
Konkurrierende Ziele	

1.3 Berechnungen

Über ein Industrieunternehmen, das nur ein Produkt herstellt, sind für ein Geschäftsjahr folgende Zahlen bekannt:

aus der GuV:

Erträge	102 Mio. €
Aufwendungen	87 Mio. €
Umsatzerlöse	95 Mio. €
Abschreibungen	11 Mio. €
Fremdkapitalzinsen	2 Mio. €

Aus der Bilanz (Jahresdurchschnittswerte):

Bilanzvermögen	118 Mio. €
flüssige Mittel	8 Mio. €
kurzfristige Forderungen	31 Mio. €
Umlaufvermögen	64 Mio. €
Fremdkapital	78 Mio. €
kurzfristige Verbindlichkeiten	30 Mio. €
Erhöhung der Rückstellungen	1 Mio. €

Ferner sind bekannt:

geleistete Arbeitsstunden	1,4 Mio. h
produzierte Stückzahl	10,5 Mio. Stück
verkaufte Stückzahl	10,2 Mio. Stück

Berechnen Sie folgende Kennzahlen:

a) Gewinn (Jahresüberschuss)

b) Wirtschaftlichkeit

c) Umsatzrentabilität

d) Eigenkapitalrentabilität

e) Gesamtkapitalrentabilität

f) Liquidität 1. Grades

g) Liquidität 2. Grades

h) Cashflow

i) Arbeitsproduktivität

2. Fallsituation

Der Vorstand einer Aktiengesellschaft, deren Kerngeschäft im Bereich der Elektronikindustrie angesiedelt ist, möchte das Zielsystem des Unternehmens überarbeiten. Der Vorstand ist der Ansicht, dass sowohl ökonomische als auch ökologische und soziale Ziele in das Zielsystem aufgenommen werden müssen. Außerdem sollen im Finanzbereich die Zahlungsfähigkeit und die Veränderung der flüssigen Mittel stärker als bisher in den Fokus rücken. Ihnen liegt in diesem Zusammenhang ein erstes Konzept für die Erstellung einer Balanced Scorecard vor.

Vision	Wir werden den Wert des Unternehmens nachhaltig steigern			
Strategien	Qualitätsführerschaft Kosteneffizienz			
Perspektiven	Finanzen	Markt und Kunden	Interne Prozesse	Innovation und Mitarbeiter
Kritische Erfolgsfaktoren	Zahlungsfähigkeit, Profitabilität	Kundenzufriedenheit, Kundenbindung	Fehlerquote, Logistik	neue Technologien, Mitarbeitermotivation
Kennzahlen	Auftragseingang, Umsatz, Gewinn	Marktanteil, Anzahl der Stammkunden, Kundenzufriedenheitsindex (Befragung)	Ausschussquote, Liefertreue, Lieferfähigkeit	Anzahl der Patentanmeldungen, Produktentwicklungszeit, Mitarbeiterfluktuationsquote

a) Erläutern Sie, wem mit der Vision einer nachhaltigen Steigerung des Unternehmenswertes in erster Linie Rechnung getragen werden soll.

b) Für den Erfolgsfaktor „Zahlungsfähigkeit" fehlen noch geeignete Kennzahlen. Welche Kennzahl würden Sie zur Messung der Zahlungsfähigkeit heranziehen? Begründen Sie Ihren Vorschlag.

c) Zur Beurteilung der Profitabilität ist bis jetzt der Gewinn als Kennzahl vorgesehen. Jedoch wird immer wieder kritisiert, dass der Gewinn die Interessen der Kapitalgeber nur unzureichend abbilde und für einen Vergleich mit anderen Unternehmen eher ungeeignet sei. Erläutern Sie, warum der Gewinn aus Sicht der Kapitalgeber nicht die optimale Messgröße darstellen kann. Schlagen Sie eine geeignetere Kennzahl vor und begründen Sie Ihre Wahl.

d) Führen Sie drei weitere Kritikpunkte an, die Ihnen bei der Betrachtung des vorliegenden Balanced-Scorecard-Konzeptes auffallen, und machen Sie jeweils einen Verbesserungsvorschlag.

e) Um eine Überprüfung der Zielerreichung durchführen zu können, werden Quellen für die Ist-Werte der einzelnen Kennzahlen benötigt. Geben Sie zu folgenden Kennzahlen eine mögliche Quelle an: Gewinn, Auftragseingang, Ausschussquote, Mitarbeiterfluktuation

f) Für die Eigenkapitalrentabilität wird zu Geschäftsjahresbeginn eine Zielvorgabe von 20 % gemacht, die innerhalb des Geschäftsjahres realisiert werden soll. Ermitteln Sie, inwieweit dieses Ziel nach Ablauf des Geschäftsjahres erreicht worden ist. Geben Sie dabei den Zielerreichungsgrad in % an. Es stehen Ihnen folgende Daten zur Verfügung:

aus der Bilanz:	Anfangsbestand:	Endbestand:
Eigenkapital	7,5 Mrd. €	8,9 Mrd. €
Fremdkapital	12,1 Mrd. €	12,3 Mrd. €

aus der GuV:		
Erträge	11,2 Mrd. €	
Aufwendungen	9,8 Mrd. €	

Lösungen

1. Wissensfragen

1.1 Lernfragen

1. Aktionäre, Kunden, Kreditinstitute/Banken, Mitarbeiter

2. Die Unternehmenspolitik einer Aktiengesellschaft muss insbesondere den Interessen der Anteilseigner (Aktionäre) Rechnung tragen. Die Aktionäre können über die Hauptversammlung und die Aktionärsvertreter im Aufsichtsrat Einfluss auf den Zielsetzungsprozess nehmen. Deshalb spielt der Shareholder Value im Zielsystem einer Aktiengesellschaft eine entscheidende Rolle. Höhere Dividenden und eine positive Entwicklung des Aktienkurses werden angestrebt. Auch die Arbeitnehmervertreter im Aufsichtsrat können die Zielsetzungen der Aktiengesellschaft beeinflussen, wobei vor allem Ziele wie angemessenes Arbeitsentgelt, Arbeitsplatzsicherung usw. im Mittelpunkt stehen. Bei einem Einzelunternehmen gibt es weder eine Hauptversammlung noch einen Aufsichtsrat. Der Einzelunternehmer kann seine Ziele unabhängig von derartigen Institutionen festlegen.

3. Ökonomische Ziele: Gewinnmaximierung, Umsatzerhöhung
   Soziale Ziele: Sicherung von Arbeitsplätzen, soziale Leistungen erhöhen
   Ökologische Ziele: Verminderung des CO_2-Ausstoßes, Verringerung des Energieverbrauchs

4. Komplementäre Ziele: Produktivitätssteigerung - Gewinnmaximierung
   Konkurrierende Ziele: Soziale Leistungen erhöhen - Lohnnebenkosten senken
   Indifferente Ziele: Produktqualität erhöhen - Energieverbrauch senken

5. Produktivität um 10 % erhöhen
   Gewinn um 10 % erhöhen
   Materialkosten um 5 % senken

   Hinweis: Es muss eine messbare Vorgabe erfolgen; die Prozentwerte sind willkürlich gewählt.

6.

Perspektive:	Kritische Erfolgsfaktoren:
Finanzen	Zahlungsfähigkeit, Profitabilität
Kunden	Kundenzufriedenheit, Kundenaufträge
(interne) Prozesse	Qualität, Flexibilität
Innovation (Mitarbeiter, Lernperspektive)	Neue Technologien, Mitarbeiterqualifikation

7. Anzahl der neu angemeldeten Patente, Anzahl der neu eingeführten Produkte

8. Durch eine Kundenbefragung. Die Kunden erhalten einen standardisierten Fragebogen. Auf einer Werte- oder Notenskala können die Kunden ihre Zufriedenheit ankreuzen. Evtl. kann auch eine Online-Befragung erfolgen.

1.2 Mehrfachauswahl

1. e

- a) und d) entsprechen nicht dem ökonomischen Prinzip
- b) Das „Minimax"-Prinzip ist nicht realisierbar.
- c) Maximalprinzip

2. c

Gesamtkapitalrentabilität setzt den Gewinn (+ Fremdkapitalzinsen) ins Verhältnis zum Gesamtkapital. Keine der anderen Kennzahlen enthält in ihrer Formel eine Kapitalgröße.

3. b und **f**

b)

$$\text{Wirtschaftlichkeit} = \frac{\text{Erträge}}{\text{Aufwendungen}}$$

Ist die Wirtschaftlichkeit größer als 1, wurde Gewinn erzielt.
Ist die Wirtschaftlichkeit kleiner als 1, wurde Verlust gemacht.

f) Jahresüberschuss = Erträge - Aufwendungen (der Gewinn- und Verlustrechnung)

4.

Bearbeitungsschritt	Reihenfolge (Ziffer 1 bis 5)
Strategie festlegen	2
Perspektiven definieren	3
Vision identifizieren	1
Kennzahlen definieren	5
Kritische Erfolgsfaktoren bestimmen	4

5.

Perspektiven einer Balanced Scorecard	Kennzahlen
Finanzen	b), e)
Kunden	a)
Prozesse	d)
Innovation und Lernfähigkeit	f), c)

6.

Zielbeziehung	Zielpaare
Komplementäre Ziele	b), d), e)
Indifferente Ziele	c)
Konkurrierende Ziele	a)

1.3 Berechnungen

a) Gewinn = Erträge - Aufwendungen = 102 Mio. € - 87 Mio. € = **15 Mio. €**

b)

$$\text{Wirtschaftlichkeit} = \frac{\text{Erträge}}{\text{Aufwendungen}} = \frac{102 \text{ Mio. €}}{87 \text{ Mio. €}} = \mathbf{1{,}17}$$

c)

$$\text{Umsatzrentabilität} = \frac{\text{Gewinn} \cdot 100\,\%}{\text{Umsatz}} = \frac{15 \text{ Mio. €} \cdot 100\,\%}{95 \text{ Mio. €}} = \mathbf{15{,}79\,\%}$$

d) Eigenkapital = Bilanzvermögen - Fremdkapital = 118 Mio. € - 78 Mio. € = **40 Mio. €**

$$\text{Eigenkapitalrentabilität} = \frac{\text{Gewinn} \cdot 100\,\%}{\text{Eigenkapital}} = \frac{15 \text{ Mio. €} \cdot 100\,\%}{40 \text{ Mio. €}} = \mathbf{37{,}5\,\%}$$

e)

$$\text{Gesamtkapitalrentabilität} = \frac{(\text{Gewinn} + \text{Fremdkapitalzinsen}) \cdot 100\,\%}{\text{Gesamtkapital}}$$

$$= \frac{(15 \text{ Mio. €} + 2 \text{ Mio. €}) \cdot 100\,\%}{118 \text{ Mio. €}} = \mathbf{14{,}41\,\%}$$

f)

$$\text{Liquidität 1. Grades} = \frac{\text{flüssige Mittel} \cdot 100\,\%}{\text{kurzfristige Verbindlichkeiten}} = \frac{8 \text{ Mio. €} \cdot 100\,\%}{30 \text{ Mio. €}} = \mathbf{26{,}67\,\%}$$

g)

$$\text{Liquidität 2. Grades} = \frac{(\text{flüssige Mittel} + \text{kurzfristige Forderungen}) \cdot 100\,\%}{\text{kurzfristige Verbindlichkeiten}}$$

$$= \frac{(8 \text{ Mio. €} + 31 \text{ Mio. €}) \cdot 100\,\%}{30 \text{ Mio. €}} = \mathbf{130\,\%}$$

h) Cashflow = Jahresüberschuss + Abschreibungen + Erhöhung der Rückstellungen
= 15 Mio. € + 11 Mio. € + 1 Mio. € = **27 Mio. €**

i)

$$\text{Arbeitsproduktivität} = \frac{\text{produzierte Stückzahl}}{\text{geleistete Arbeitsstunden}} = \frac{10{,}5 \text{ Mio. Stück}}{1{,}4 \text{ Mio. Stunden}} = \mathbf{7{,}5 \ \frac{\text{Stück}}{\text{Stunde}}}$$

2. Fallsituation

A

a)

Die Rechtsform einer Aktiengesellschaft bringt mit sich, dass die Erwartungen der Aktionäre erfüllt werden müssen. Die Aktionäre erhoffen sich in der Regel einen nachhaltigen Anstieg des Aktienkurses und damit auch des Unternehmenswertes.

C

b)

Z.B. Liquidität 2. Grades
Die Liquidität 2. Grades setzt die Zahlungsmittel und kurzfristigen Forderungen ins Verhältnis zu den kurzfristigen Verbindlichkeiten. Bei einem Liquiditätsgrad von mindestens 100 % kann die Zahlungsfähigkeit als gewährleistet betrachtet werden.
(ebenfalls geeignet: Liquidität 1. Grades, Liquidität 3. Grades)

c)

Der Gewinn berücksichtigt nicht den Kapitaleinsatz, der von Unternehmen zu Unternehmen unterschiedlich hoch sein kann. Die Kapitalgeber (insbesondere die Aktionäre) streben einen möglichst effizienten Kapitaleinsatz an. Um die „Verzinsung" ihres Kapitals messen zu können, muss der Gewinn ins Verhältnis zum Kapitaleinsatz gebracht werden. Geeignete Kennzahlen: Eigenkapitalrentabilität, Gesamtkapitalrentabilität, ROI, ROCE.

C

d)

1. Kritikpunkt:

Die vom Vorstand geforderten ökologischen und sozialen Ziele sind nicht berücksichtigt. Verbesserungsvorschlag: In der Prozessperspektive kann neben der Qualität und der Logistik z. B. auch „Umweltverträglichkeit" als kritischer Erfolgsfaktor aufgenommen werden. Auf Kennzahlenebene kann z. B. die Abfallquote, CO_2-Emissionsquote etc. genannt werden.

B, D

2. Kritikpunkt:

Für die Veränderung der flüssigen Mittel ist keine Kennzahl vorgesehen. Verbesserungsvorschlag: Den Cashflow als Kennzahl im Finanzbereich aufnehmen.

3. Kritikpunkt:

Die Fehlerquote ist kein kritischer Erfolgsfaktor, sondern eine Kennzahl. Verbesserungsvorschlag: Die Fehlerquote zu den Kennzahlen verschieben und durch „Qualität" als kritischen Erfolgsfaktor ersetzen.

e)

Mögliche Quellen:
Gewinn: Gewinn- und Verlustrechnung (Jahresüberschuss)
Auftragseingang: Verkaufsstatistik
Ausschussquote: Produktionsstatistik
Mitarbeiterfluktuation: Personalstatistik

E

f)

$$\text{Eigenkapitalrentabilität} = \frac{\text{Gewinn} \cdot 100\,\%}{\text{Eigenkapital}}$$

E

Gewinn (Jahresüberschuss) = Erträge - Aufwendungen = 11,2 Mrd. € - 9,8 Mrd. € = 1,4 Mrd. €

$$\text{durchschnittl. Eigenkapital} = \frac{7,5\ \text{Mrd.}\ € + 8,9\ \text{Mrd.}\ €}{2} = 8,2\ \text{Mrd.}\ €$$

$$\text{Eigenkapitalrentabilität} = \frac{1,4\ \text{Mrd.}\ € \cdot 100\,\%}{8,2\ \text{Mrd.}\ €} = 17,07\,\%$$

$$\text{Zielerreichungsgrad} = \frac{17,07\,\% \cdot 100\,\%}{20\,\%} = \mathbf{85,35\,\%}$$

Fazit: Die geforderte Eigenkapitalrentabilität wurde nicht erreicht. Das Ziel wurde nur zu 85,35 % erfüllt.

II. Grundlagen des betrieblichen Leistungsprozesses

Betriebliche Leistungsfaktoren stellen die Ressourcen für die betriebliche Leistungserstellung dar. Das Ziel eines Betriebes besteht darin, die Leistungsfaktoren optimal zu kombinieren und möglichst effizient auszunutzen. Um dies zu ermöglichen, müssen Informations-, Material- und Werte-fluss gesteuert werden.

1. Betriebliche Leistungsfaktoren

Was muss ich für die Prüfung wissen?

1.1 Betriebliche Leistungsfaktoren – Übersicht

Betriebe sind die Stätten der Leistungserstellung. Um eine betriebliche Leistung (Output) zu erbringen, benötigt ein Betrieb Einsatzmittel (Input). Betriebliche Leistungs- bzw. Produktionsfaktoren sind alle Güter und Leistungen, die zur Erstellung der betrieblichen Leistung eingesetzt werden müssen.

Im Falle eines Industriebetriebes besteht die betriebliche Leistung in der Produktion von Fertigerzeugnissen. Hierzu benötigt ein Industriebetrieb folgende Leistungsfaktoren:

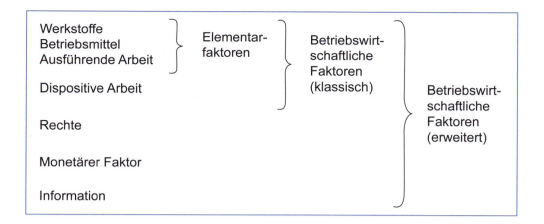

Werkstoffe:	alle Materialien, die im Rahmen des Leistungserstellungsprozesses verarbeitet bzw. verbraucht werden
- Rohstoffe	gehen als Hauptbestandteil in das Erzeugnis ein
- Hilfsstoffe	gehen als Nebenbestandteil in das Erzeugnis ein
- Fremdbauteile	gehen als fertig bezogene Einbauteile in das Erzeugnis ein
- Betriebsstoffe	gehen nicht in das Erzeugnis ein, sondern dienen der Aufrechterhaltung des Produktionsprozesses
Betriebsmittel:	alle Gegenstände, die zum Zwecke der betrieblichen Leistungserstellung für längere Zeit eingesetzt werden
Ausführende Arbeit:	alle menschlichen Arbeitsleistungen, die auf Anordnung des dispositiven Faktors erbracht werden
Dispositive Arbeit:	leitende menschliche Arbeit, die die Kombination der anderen Produktionsfaktoren plant, organisiert und kontrolliert
Monetärer Faktor:	Zahlungsmittel des Betriebes zur Finanzierung der anderen Einsatzfaktoren
Information:	für die Leistungserstellung nutzbares Wissen bzw. zur Verfügung stehende Daten
Rechte:	Befugnis zur Nutzung von Wissen bzw. Verfahren für die Leistungserstellung

1.2 Betriebliche Funktionen

Die betrieblichen Leistungsfaktoren werden innerhalb des Industriebetriebes auf verschiedene Weise verarbeitet bzw. genutzt. Die unterschiedlichen Tätigkeiten lassen sich bestimmten Funktionsbereichen zuordnen:

Funktionen	Hauptaufgabe	Tätigkeiten
Beschaffung:	Bereitstellung von Werkstoffen und Betriebsmitteln (im engeren Sinne nur Werkstoffe)	z.B. Bestellungen tätigen, Waren annehmen
Produktion:	Erstellung von Gütern bzw. Dienstleistungen	z.B. Maschine einstellen, Einbauteile montieren
Absatz:	Verkauf der erstellten Güter und Dienstleistungen	z.B. Angebote erstellen, Rechnungen erstellen
Finanzierung:	Bereitstellung von Kapital zur Aufrechterhaltung des laufenden Geschäftsbetriebs und zur Durchführung von Investitionen (monetärer Faktor)	z.B. Kredite aufnehmen, Zahlungsströme überwachen
Unternehmensführung:	Leitung des Unternehmens (dispositiver Faktor)	z.B. Personal einstellen, betriebliche Vollmachten erteilen

Beschaffung, Produktion, Absatz und Finanzierung sind die betrieblichen Grundfunktionen. Beschaffung, Produktion und Absatz bezeichnet man als die güterwirtschaftlichen Grundfunktionen. Über die genannten Funktionen hinaus existieren noch Nebenfunktionen wie z. B. der innerbetriebliche Transport, die Lagerhaltung, das Reparaturwesen etc.

1.3 Kosten der Produktionsfaktoren

Die Kombination der Einsatzfaktoren soll gemäß dem ökonomischen Prinzip möglichst kostengünstig erfolgen. Die verschiedenen Produktionsfaktoren verursachen im Wesentlichen folgende Kosten:

- Werkstoffe: Kosten für den Materialverbrauch
- Betriebsmittel: Abschreibungen, Instandhaltungskosten
- Ausführende Arbeit: Arbeitskosten (in der Regel tarifgebunden)
- Dispositive Arbeit: Arbeitskosten (in der Regel außertariflich)
- Monetärer Faktor: Zinskosten, Transaktionskosten (z. B. Überweisungsgebühren)
- Rechte: z. B. Patentkosten, Lizenzgebühren
- Information: z. B. EDV-Kosten, Literaturkosten

Was erwartet mich in der Prüfung?

1. Das Lernlabyrinth

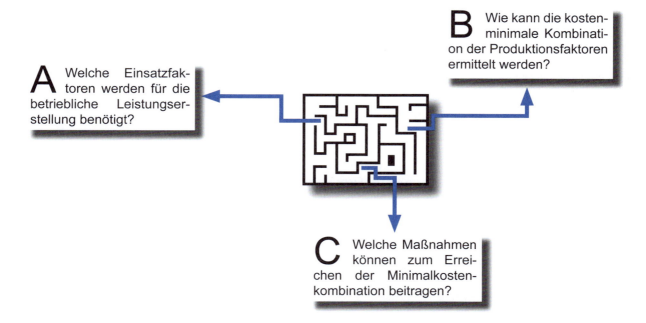

B Wie kann die kostenminimale Kombination der Produktionsfaktoren ermittelt werden?

A Welche Einsatzfaktoren werden für die betriebliche Leistungserstellung benötigt?

C Welche Maßnahmen können zum Erreichen der Minimalkostenkombination beitragen?

2. Wege aus dem Labyrinth

 **A** **Welche Einsatzfaktoren werden für die betriebliche Leistungserstellung benötigt?**

Welche konkreten Einsatzfaktoren in welchem Maße benötigt werden, hängt vom Betriebszweck ab. Der Zweck eines Industriebetriebes besteht grundsätzlich in der Produktion und dem Verkauf von Fertigerzeugnissen.

Beispiel:

Die Holzwurm GmbH ist eine Möbelfabrik. Sie stellt Tische, Schränke, Stühle und Betten aus Holz her und verkauft diese an Möbelhäuser und Großhandelsgeschäfte.

Betriebszweck: Verarbeitung von Holz zu Möbeln und Verkauf der Möbel

Vom Betriebszweck lassen sich zunächst einmal die unmittelbar für die Produktion der Möbel notwendigen Leistungsfaktoren ableiten: Werkstoffe (z.B. Holz als Rohstoff, Leim als Hilfsstoff), Betriebsmittel (z.B. Kreissägen für das Zuschneiden des Holzes) und ausführende Arbeit (z.B. Maschinenbediener für die Kreissägen).

 Produktionsfaktoren werden nicht nur für den Fertigungsprozess benötigt. Um die Fertigung und den Verkauf der Erzeugnisse zu ermöglichen, sind weitere Funktionen (Absatz, Beschaffung, Finanzierung, Verwaltung etc.) erforderlich.

Bezieht man die in der Wertschöpfungskette vor- und nachgelagerten Funktionen mit ein, so kommen die Funktionen Beschaffung und Absatz hinzu, und mit ihnen weitere Leistungsfaktoren (z. B. Sachbearbeiter im Einkauf, Verpackungsmaterial im Versand).

Zur Finanzierung der Maschinen, Materialeinkäufe, Arbeitslöhne benötigt man Zahlungsmittel (monetärer Faktor).

In der Verwaltung erbringen ausführende Arbeitskräfte unterstützende Leistungen für die anderen Funktionen (Entgeltabrechnung, Gebäudeverwaltung etc.).

Die Unternehmensleitung (dispositiver Faktor) stellt die benötigten Mitarbeiter ein, trifft wichtige geschäftspolitische Entscheidungen, erteilt Anweisungen und überwacht die ausführenden Arbeitskräfte.

Rechte (z. B. Lizenzen) werden benötigt, um beispielsweise auch von fremden Firmen patentierte Produkte und Produktionsverfahren herstellen bzw. nutzen zu dürfen.

Informationen sorgen für einen reibungslosen Ablauf der Arbeitsschritte (z. B. Konstruktionszeichnungen für die Produktion) und ermöglichen fundierte Entscheidungen (z. B. Marktforschungsdaten für die Absatzplanung).

Um das Sortiment abzurunden, können Handelswaren beschafft und den Kunden ohne Weiterverarbeitung angeboten werden (z. B. Bürodrehstühle aus Kunststoff für die Kombination mit Schreibtischen). Für Handelswaren wird die für Industriebetriebe typische Produktionsfunktion und deren Einsatzfaktoren nicht benötigt.

Insgesamt werden in der Holzwurm GmbH folgende Leistungsfaktoren eingesetzt:

Benötigte Leistungs-faktoren:	Fragestellung:	Beispiele:
Werkstoffe	Welche Materialien werden für die Leistungserstellung verbraucht?	Rohstoffe: Holz (verschiedene Arten) Hilfsstoffe: Schrauben, Leim Fremdbauteile: z. B. Matratzen für die Betten, Schlösser für Schranktüren Betriebsstoffe: Strom für die Kreissägen, Hydrauliköl für Holzpressen, Büromaterial im Vertrieb, Verpackungsmaterial im Versand
Betriebs-mittel	Welche Gegenstände werden langfristig für die Leistungserstellung gebraucht?	Immobilien: Fabrikhalle, Bürogebäude, Lagerhalle Maschinen: Kreissägen, Hydraulikpressen, Bohrmaschinen, Holzfräsen, Werkzeuge: Schraubenzieher, Büroausstattung: Computer, Regale Software: Finanzbuchhaltungsprogramm
Ausführen-de Arbeit	Wer führt die Anordnungen der Führungskräfte aus?	Arbeitskräfte für die Bedienung der Kreissägen, Vertriebssachbearbeiter

Dispositive Arbeit	Wer entscheidet über den Einsatz der Produktionsfaktoren?	Geschäftsführung, Prokuristen, Management
Monetärer Faktor	Womit wird die Finanzierung der Produktionsfaktoren sichergestellt?	Bankguthaben, Bargeld, Schecks
Rechte	Was berechtigt zur Nutzung geschützter bzw. begrenzter Ressourcen?	Patente, Lizenzen, Markenschutzrechte
Information	Welche Daten benötigt man für die Arbeitsaufgaben und Entscheidungen?	Konstruktionszeichnungen, Stücklisten, Marktforschungsdaten, Lagerbestandsdaten
Handelswaren	Mit welchen fremden Produkten kann man das eigene Sortiment ergänzen?	Kunststoffstühle, Matratzen

 Wie unterscheide ich Werkstoffe von Betriebsmitteln?

⇒ Werkstoffe werden im Rahmen des Leistungserstellungsprozesses verbraucht, befinden sich also nur kurzfristig im Betrieb.

⇒ Betriebsmittel werden für den Leistungserstellungsprozess gebraucht; sie gehören langfristig zum Betrieb und unterliegen einer mehr oder weniger starken Abnutzung (Verschleiß).

 B Wie kann die kostenminimale Kombination der Produktionsfaktoren ermittelt werden?

Was bedeutet „Minimalkostenkombination"?

 Ein Unternehmen befindet sich in einer Minimalkostenkombination, wenn es die Produktionsfaktoren zur Erstellung einer gegebenen Leistungsmenge so kombiniert, dass zu geringstmöglichen Kosten produziert wird (Minimalprinzip).

Beispiel: Minimalkostenkombination bei der Holzwurm GmbH

Die Geschäftsführung der Holzwurm GmbH zieht in Erwägung, die bisher weitestgehend manuellen Sägearbeiten zu automatisieren. Es stehen drei verschiedene Verfahren zur Auswahl. Die Kosten für ausführende Arbeit werden für alle Verfahren mit 30,00 € pro Stunde veranschlagt. Die Kosten für die Betriebsmittel variieren von Verfahren zu Verfahren, da eine zunehmende Automatisierung auch teurere Maschinen erfordert. Bei den Kosten für Werkstoffe und die übrigen Leistungsfaktoren gibt es keine Unterschiede. Um die gleiche Produktionsleistung zu erreichen, fallen je nach Verfahren folgende Faktorkosten an:

Verfahren 1: Manuelle Fertigung
50 Arbeitsstunden pro Tag
10 Maschinenstunden pro Tag zu je 15,00 € pro Stunde

Verfahren 2: Halbautomatische Fertigung
25 Arbeitsstunden pro Tag
25 Maschinenstunden pro Tag zu je 30,00 € pro Stunde

Verfahren 3: Automatische Fertigung
10 Arbeitsstunden pro Tag
40 Maschinenstunden pro Tag zu je 40,00 € pro Stunde

Kombinations-möglichkeiten	Leistungsfaktor Arbeit		Leistungsfaktor Betriebsmittel		Gesamt-kosten
	Arbeitsstunden · Arbeitskosten pro Stunde	Arbeits-kosten	Maschinenstunden · Maschinenkosten pro Stunde	Maschinen-kosten	
Verfahren 1	50 Stunden · 30,00 €/Stunde	1.500,00 €	10 Stunden · 15,00 €/Stunde	150,00 €	1.650,00 €
Verfahren 2	25 Stunden · 30,00 €/Stunde	750,00 €	25 Stunden · 30,00 €/Stunde	750,00 €	1.500,00 €
Verfahren 3	10 Stunden · 30,00 €/Stunde	300,00 €	40 Stunden · 40,00 €/Stunde	1.600,00 €	1.900,00 €

Ergebnis: Verfahren 2 (Halbautomatische Fertigung) stellt die Minimalkosten-kombination dar.

C Welche Maßnahmen können zum Erreichen der Minimalkostenkombination beitragen?

• **Effizientere Nutzung von Ressourcen:**

Ein sparsamer Umgang mit Ressourcen vermeidet unnötige Kosten. So können beispielsweise die Materialkosten dadurch gesenkt werden, dass die Abfälle aus teuren Rohstoffen (z. B. Kupfer, Aluminium) gesammelt und einem Wiederverwertungskreislauf zugeführt werden. Abgesehen vom Kosteneffekt stellen derartige Maßnahmen auch aus ökologischer Sicht einen positiven Beitrag dar.

• **Substitution von Produktionsfaktoren:**

Ausführende Arbeit (menschliche Arbeitskraft) wird durch Betriebsmittel (Maschinen) ersetzt. Hiermit wird eine höhere Produktivität und eine Reduzierung der Personalkosten angestrebt.

 Automatisierung ist in der Regel mit hohen Investitionen verbunden. Es ist daher zu prüfen, ob die geplanten Einsparungen, die Höhe der Investition rechtfertigen. Außerdem können Mitarbeiter nicht nach Belieben entlassen werden; Kündigungsfristen und evtl. drohende Imageschäden sind zu berücksichtigen.

• **Räumliche bzw. internationale Arbeitsteilung:**

Es ist nicht nur entscheidend, welche Produktionsfaktoren eingesetzt werden, sondern auch wo der Einsatz stattfindet. Die Leistungserstellung wird dann dorthin verlagert, wo die wichtigsten Produktionsfaktoren am günstigsten sind. So können beispielsweise arbeitsintensive Produktionsschritte, für die man viele Arbeitskräfte benötigt, in Niedriglohnländer ausgelagert werden.

 Die Verlagerung von Arbeitsschritten in Niedriglohnländer ist auch mit Gefahren verbunden (z. B. Qualitätsrisiko, fehlendes Know How, Mentalitätsunterschiede, evtl. niedrigere Produktivität). Ein solcher Schritt muss daher unter Abwägung aller Chancen und Risiken sorgfältig überlegt werden.

So trainiere ich für die Prüfung

Aufgaben

1. Wissensfragen

1.1 Lernfragen

1. Zählen Sie vier Werkstoffarten auf und geben Sie dazu jeweils ein Beispiel aus Sicht eines Automobilherstellers an.

2. Nennen Sie die drei Elementarfaktoren.

3. Welche Rolle kommt dem dispositiven Faktor innerhalb der Produktionsfaktoren zu?

4. Geben Sie die betrieblichen Grundfunktionen an.

5. Erläutern Sie die Aufgabe der Funktion „Finanzierung".

6. Erläutern Sie den Zusammenhang zwischen dem ökonomischen Prinzip und der Minimalkostenkombination.

1.2 Mehrfachauswahl

Kreuzen Sie eine oder mehrere richtige Lösungen an.

1. Welche Zeile enthält aus Sicht eines PC-Herstellers ausschließlich den Produktionsfaktor Werkstoffe?

   a) Strom, Mikroprozessoren, Bürodrehstühle

   b) Schrauben, CD-Laufwerk, Kunststoffgehäuse

   c) Büromaterial, CNC-Maschine, Telefonanlage

   d) Fax-Gerät, Aktenordner, Schrauben

   e) Mikroprozessoren, Schraubenzieher, Kunststoffgehäuse

2. Welche Handlung gehört nicht zum dispositiven Faktor in einem Industrieunternehmen?

   a) Produktivitätsvorgaben für die Fertigung machen.

   b) Zielvereinbarungsgespräche mit den Mitarbeitern führen.

   c) Über die Einführung eines neuen Produktes entscheiden.

   d) Die Einführung eines neuen Finanzbuchhaltungsprogrammes beschließen.

   e) Den Preis für einen Kundenauftrag über Standardprodukte kalkulieren.

3. Welche Beispiele stellen Betriebsmittel eines Automobilherstellers dar?

   a) Schweißroboter

   b) Motoren

c) Stoßfänger

d) Strom

e) Autobatterien

f) Montagehalle

g) Schmieröl für Stanzmaschinen

h) Firmenwagen eines Außendienstmitarbeiters

i) Lasertoner für einen Drucker im Vertrieb

4. Ordnen Sie folgende Beispiele den betreffenden Leistungsfaktoren eines Sportschuhherstellers zu.

a) Absatzprognose für das bevorstehende Halbjahr

b) Nähmaschine

c) Lizenz zur Produktion eines bestimmten Markenschuhs

d) Känguruleder

e) Entwicklungssoftware für Schuhdesign

f) Vertriebsleiter

g) Schuh-Designer

h) betriebseigener Kundenparkplatz

i) Bankguthaben

Leistungsfaktoren	Beispiele
Werkstoffe	
Betriebsmittel	
Ausführende Arbeit	
Dispositiver Faktor	
Monetärer Faktor	
Information	
Rechte	

5. Zu welchen Leistungsfaktoren eines Industriebetriebes gehören folgende Kosten? Ordnen Sie zu:

a) Abschreibungen auf Sachanlagen

b) Kosten für einen Internetanschluss

c) Darlehenszinsen

d) Kosten für die Anmeldung eines Patentes

e) Tariflöhne

f) Managergehälter

g) Bezugskosten

Leistungsfaktoren	Beispiele
Werkstoffe	
Betriebsmittel	

Ausführende Arbeit	
Dispositiver Faktor	
Monetärer Faktor	
Information	
Rechte	

2. Fallsituation

Ein Metall verarbeitender Betrieb sieht sich einem immer härter werdenden Wettbewerb ausgesetzt. Um auf den damit verbundenen Kostendruck zu reagieren, werden folgende Überlegungen angestellt:

- Soll die bisher halbautomatische Fertigung durch die Anschaffung von Industrierobotern automatisiert werden?

- Soll die Produktion in ein benachbartes Niedriglohnland ausgelagert werden?

Um die gleiche Produktionsleistung zu erzielen, fallen jeweils folgende Faktorkosten an:

Alternative 1: Halbautomatische Fertigung im Inland (wie bisher)
150 Arbeitsstunden pro Tag zu je 35,00 € pro Stunde
80 Maschinenstunden pro Tag zu je 22,00 € pro Stunde

Alternative 2: Fertigung mit Industrierobotern im Inland
40 Arbeitsstunden pro Tag zu je 35,00 € pro Stunde
80 Maschinenstunden pro Tag zu je 54,00 € pro Stunde

Alternative 3: Halbautomatische Fertigung im Ausland
180 Arbeitsstunden pro Tag zu je 12,00 €
90 Maschinenstunden pro Tag zu je 22,00 € pro Stunde

a) Ermitteln Sie die Minimalkostenkombination in Form einer übersichtlichen tabellarischen Rechnung.

b) Führen Sie drei betriebswirtschaftliche Argumente an, die trotz der kostengünstigen Faktorkombination gegen die Verlagerung der Produktion ins Ausland sprechen könnten.

c) Die Unternehmensleitung tendiert zur Anschaffung von Industrierobotern. Erläutern Sie, warum auch diese Alternative nicht problemlos realisiert werden kann.

d) Der Betriebsleitung ist aufgefallen, dass der Anstieg der Rohstoffpreise (Eisen, Aluminium, Nickel etc.) zu einer starken Erhöhung der Materialkosten geführt hat. Schlagen Sie eine Maßnahme vor, die wieder zu einer Senkung der Materialkosten beitragen könnte.

Lösungen

1. Wissensfragen

1.1 Lernfragen

1. Rohstoffe (z. B. Stahl), Hilfsstoffe (z. B. Schrauben), Betriebsstoffe (z. B. Schmieröl), Fremdbauteile (z. B. Reifen)

2. Werkstoffe, ausführende Arbeit, Betriebsmittel

3. Er bestimmt über die Kombination und den Einsatz der anderen Produktionsfaktoren.

4. Produktion, Beschaffung, Absatz, Finanzierung

5. Die Aufgabe der Finanzierung besteht darin, Kapital zur Aufrechterhaltung des laufenden Geschäftsbetriebs und zur Durchführung von Investitionen bereitzustellen.

6. Die Minimalkostenkombination liegt vor, wenn ein Unternehmen die Produktionsfaktoren zur Erstellung einer gegebenen Leistungsmenge so kombiniert, dass zu geringstmöglichen Kosten produziert wird. Dies entspricht dem Minimalprinzip, das besagt, dass ein gegebenes Ziel mit geringstmöglichem Aufwand erreicht werden soll.

1.2 Mehrfachauswahl

1. b

Werkstoffe: Schrauben (Hilfsstoffe), CD-Laufwerk (Fremdbauteil), Kunststoffgehäuse (Fremdbauteil)

Bürodrehstühle, Schraubenzieher, Telefonanlage, Fax-Gerät sind Betriebsmittel.

2. e

Die Preiskalkulation gehört zum Aufgabenbereich eines Sachbearbeiters im Vertrieb und gehört somit zum Faktor „ausführende Arbeit".

3. a, f und h

4.

Leistungsfaktoren	Beispiele
Werkstoffe	d
Betriebsmittel	b, e, h
Ausführende Arbeit	g
Dispositiver Faktor	f
Monetärer Faktor	i
Information	a
Rechte	c

5.

Leistungsfaktoren	Beispiele
Werkstoffe	g
Betriebsmittel	a
Ausführende Arbeit	e
Dispositiver Faktor	f
Monetärer Faktor	c
Information	b
Rechte	d

2. Fallsituation

a)

B

Kombinations-möglichkeiten	Leistungsfaktor Arbeit		Leistungsfaktor Betriebsmittel		Gesamt-kosten
	Arbeitsstunden · Arbeitskosten pro Stunde	Arbeits-kosten	Maschinenstunden · Maschinenkosten pro Stunde	Maschinen-kosten	
Alternative 1	150 Stunden · 35,00 €/Stunde	5.250,00 €	80 Stunden · 22,00 €/Stunde	1.760,00 €	7.010,00 €
Alternative 2	40 Stunden · 35,00 €/Stunde	1.400,00 €	80 Stunden · 54,00 €/Stunde	4.320,00 €	5.720,00 €
Alternative 3	180 Stunden · 12,00 €/Stunde	2.160,00 €	90 Stunden · 22,00 €/Stunde	1.980,00 €	4.140,00 €

Ergebnis: Alternative 3 (Halbautomatische Fertigung im Ausland) stellt die Minimalkostenkombination dar.

b)

C

Um die Betriebsstätte im Ausland aufzubauen, sind Investitionen erforderlich. Das Investitionsrisiko ist sehr hoch.

Durch kulturelle, sprachliche und mentalitätsbedingte Unterschiede können Kommunikationsprobleme zwischen der Betriebsleitung und den ausländischen Mitarbeitern entstehen.

Es ist noch nicht sicher, ob die ausländische Produktionsstätte die hohen Qualitätsanforderungen erfüllen kann. Evtl. fehlen hierzu die qualifizierten Fachkräfte.

c)

C

Die Anschaffung der Industrieroboter lohnt sich wirtschaftlich nur dann, wenn menschliche Arbeit dadurch substituiert wird und Arbeitskosten gespart werden können. Die Mitarbeiter können jedoch nicht einfach so entlassen werden. Kündigungsfristen sind einzuhalten, evtl. ist ein Sozialplan aufzustellen. Finden Entlassungen im größeren Stil statt, kann dem Unternehmen zudem noch ein Imageschaden entstehen.

d)

C

Maßnahme: Abfalltrennung nach Metallen und Recycling
Metallische Abfälle aus dem Produktionsprozess werden getrennt gesammelt. Für jedes Metall (Eisen, Aluminium etc.) existieren eigene Sammelbehälter. Die gesammelten Metalle können an Händler verkauft oder dem Produktionsprozess wieder zugeführt werden.

2. Betrieblicher Informations-, Material- und Wertefluss

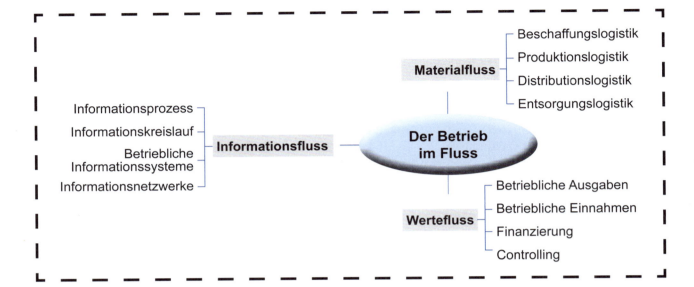

Was muss ich für die Prüfung wissen?

2.1 Betrieblicher Informationsfluss

Der Informationsfluss versorgt alle an einem Geschäftsprozess beteiligten Stellen mit den zur Zielerreichung erforderlichen Informationen. Informationen erhalten Kunden (z. B. Angebot, Rechnung), Lieferer (z. B. Anfrage, Bestellung) und die betroffenen innerbetrieblichen Stellen (z. B. im Einkauf, Vertrieb).

Der Informationsprozess besteht aus verschiedenen Phasen:

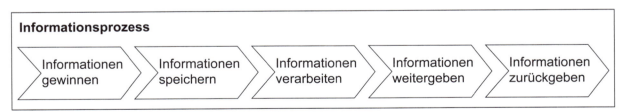

Informationsgewinnung: Die für die Erreichung der Unternehmensziele erforderlichen Informationen werden gesucht und gesammelt. Dabei müssen unwesentliche von den wesentlichen Informationen getrennt werden. Moderne Datenerfassungstechniken, wie z. B. Barcode-Systeme, Radio Frequency Identification (RFID) etc., unterstützen diesen Prozess.

Speichern von Informationen: Die gewonnenen Informationen werden so hinterlegt, dass die betrieblichen Stellen auf die benötigten Informationen zugreifen können. Dies geschieht in der Regel mithilfe von zentralen Datenbanken.

Informationsverarbeitung: Die gespeicherten Informationen gehen als Produktionsfaktor in den betrieblichen Leistungsprozess ein. Anwendungsprogramme ermöglichen den Zugriff auf die in der Datenbank gespeicherten Daten und deren elektronische Verarbeitung. Im Rahmen des Leistungsprozesses entstehen veränderte bzw. neue Informationen, die wiederum gespeichert werden.

Weitergabe von Informationen: Informationen fließen von den Entscheidungsträgern zu den ausführenden Stellen, zwischen den Funktionsbereichen (z.B. vom Vertrieb in die Produktion, von der Produktion an die Beschaffung) sowie zwischen dem Unternehmen und seinen Geschäftspartnern (Kunden, Lieferer etc.). Elektronische Netzwerke (z.B. Internet, Intranet) unterstützen den Informationsfluss.

Rückgabe von Informationen: Rückmeldungen sind wichtig, um die Zielerreichung feststellen und evtl. notwendige Korrekturen vornehmen zu können. So benötigt das Controlling finanzielle Daten und die Produktion das Feedback der Kunden im Hinblick auf die Erfüllung der Qualitätsansprüche.

Der Informationsfluss beginnt im Regelfall beim Kunden, der einen Auftrag erteilt. Im Vertrieb wird der Auftrag erfasst und durchläuft von dort die verschiedenen Funktionsbereiche des Industriebetriebes bis zur Bestellung bei den Lieferanten. Anschließend laufen die Informationen analog zum Materialfluss in die umgekehrte Richtung.

Informationskreislauf

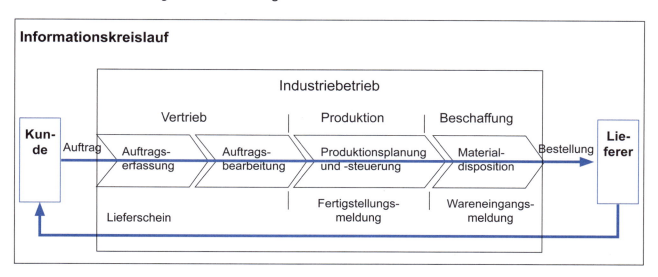

Betriebliche Informationssysteme und Netzwerke:

Betriebsdatenerfassung (BDE): Elektronische Erfassung der Informationen am Ort der Entstehung (Auftragsdaten, Personaldaten, Maschinendaten und Prozessdaten)

ERP-Systeme (ERP = Enterprise Resource Planning): Komplexe Anwendungssoftware zur Unterstützung der Ressourcenplanung eines Unternehmens; ERP-Systeme bilden alle Geschäftsprozesse eines Unternehmens ab und verknüpfen diese funktionsübergreifend. Basis des ERP-Systems ist eine zentralisierte Datenbank, auf die die einzelnen Anwendungen des Systems zugreifen können.

Intranet: Unternehmensinternes Rechnernetzwerk, das den Mitarbeitern eines Unternehmens als Informations-, Kommunikations- und Anwendungsplattform zur Verfügung steht.

Internet: Elektronischer Verbund verschiedener Rechnernetzwerke mit dem Ziel, Verbindungen zwischen unterschiedlichen Standorten herzustellen und Daten auszutauschen. Zu den Systemen des Internets zählt u. a. das „World Wide Web". Zahlreiche internetbasierte Anwendungen unterstützen und beschleunigen den Informationsfluss zwischen dem Unternehmen und seinen Geschäftspartnern:

E-Business		
E-Commerce	E-Procurement	E-Purchasing

Electronic Data Interchange (EDI)

- **E-Business:** Elektronische Geschäftsprozesse; Abwicklung bzw. Unterstützung von Geschäftsprozessen über elektronische Medien (Internet)

- **E-Commerce:** Elektronischer Handel; Handel mit Waren und Dienstleistungen über elektronische Medien (Internet)

- **E-Procurement:** Elektronische Beschaffung; internetbasierte Abwicklung bzw. Unterstützung des Beschaffungsprozesses

- **E-Purchasing:** Elektronischer Verkauf; internetbasierte Abwicklung bzw. Unterstützung des Verkaufsprozesses

- **Electronic Data Interchange (EDI):** Elektronischer Datenaustausch zwischen Anwendungssystemen unterschiedlicher Organisationen; technische Basis für die Abwicklung des E-Business

2.2 Betrieblicher Materialfluss

Sicherzustellen, dass die benötigten Güter zur richtigen Zeit am richtigen Ort in der richtigen Menge und in der richtigen Qualität zur Verfügung stehen, ist Aufgabe der Logistik. Unter Logistik versteht man die ganzheitliche Planung, Steuerung und Kontrolle des Material- und Informationsflusses sowohl innerhalb des leistungserstellenden Unternehmens als auch zwischen dem Unternehmen und seinen Geschäftspartnern (insbesondere Kunden und Lieferanten).

Die Unternehmenslogistik umfasst Beschaffungs-, Produktions-, Distributions- und Entsorgungslogistik. Die Beschaffungslogistik beschäftigt sich mit der Versorgung des Produktionsprozesses mit Werkstoffen, die Produktionslogistik steuert den Fluss der Güter durch die verschiedenen Stufen des Produktionsprozesses, die Distributionslogistik steuert die Verteilung der Produkte auf dem Absatzmarkt, und die Entsorgungslogistik befasst sich mit der Entsorgung bzw. Wiederverwertung der im Leistungserstellungsprozess entstandenen Abfälle. Angestrebt wird ein Materialkreislauf, in dem Abfälle wiederverwertet und nicht verwertbare Abfälle sachgerecht entsorgt werden.

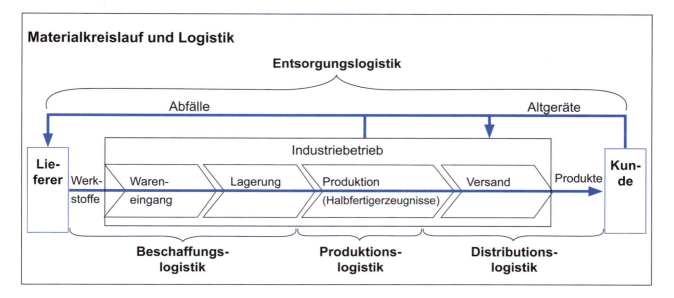

Das Supply Chain Management umfasst die unternehmensübergreifende Koordination von Material- und Informationsflüssen entlang der gesamten Wertschöpfungskette, ausgehend von der Rohstoffbeschaffung über die einzelnen Verarbeitungsstufen bis hin zu Auslieferung der Endprodukte an die Kunden. Ziel des Supply Chain Management ist eine möglichst effiziente Gestaltung der Wertschöpfungskette.

2.3 Betrieblicher Wertefluss

Um die betriebliche Leistungserstellung zu ermöglichen, sind Investitionen in Betriebsmittel erforderlich. Hinzu kommen laufende Ausgaben für das Personal und die Materialeinkäufe. Andererseits werden durch den Verkauf der Erzeugnisse Einnahmen in Form von Umsatzerlösen erzielt. Die Erfassung der Wertströme erfolgt durch das Rechnungswesen. Die notwendigen Zahlungsmittel für die Investitionen und laufenden Ausgaben zu beschaffen, ist Aufgabe der Finanzierung. Das Controlling soll den Wertefluss überwachen und Ansatzpunkte für eine Optimierung des Werteflusses liefern.

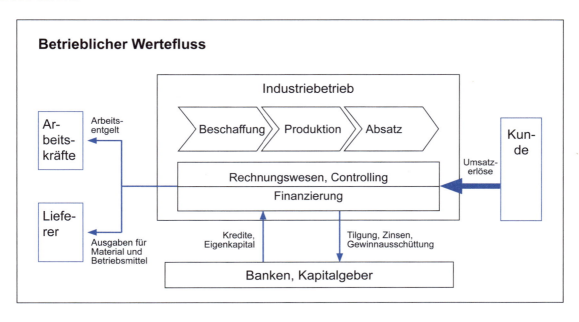

2.4 Zusammenwirken von Informations-, Material- und Wertefluss

Auslöser der betrieblichen Informations-, Material- und Werteströme sind Kundenaufträge. Dieser setzt zunächst einen Informationsprozess in Gang, der sich durch die innerbetrieblichen Funktionsbereiche bis hin zu den Lieferanten zieht. Anschließend beginnt der Materialfluss mit der Warenlieferung. Die Materialien durchlaufen den Wareneingang und das Lager, werden im Rahmen des Produktionsprozesses verarbeitet und landen als Fertigerzeugnisse beim Kunden. Die mit dem Verkauf der Erzeugnisse verbundenen Zahlungseingänge dienen zur Begleichung der Lieferantenverbindlichkeiten, zur Entlohnung der Arbeitskräfte sowie zur Gewinnausschüttung an die Eigenkapitalgeber und Tilgung der Kredite.

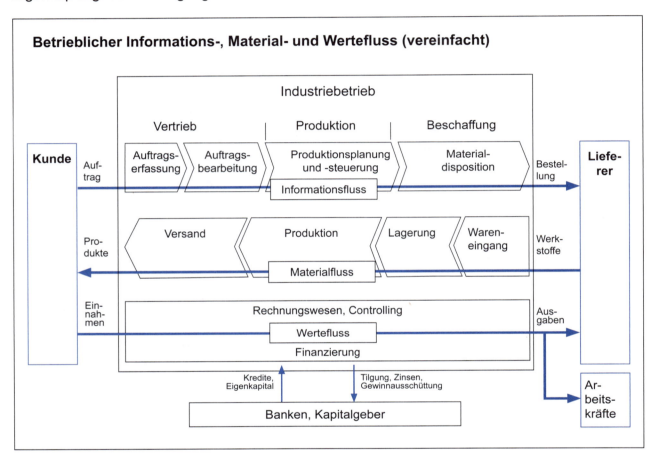

Was erwartet mich in der Prüfung?

1. Das Lernlabyrinth

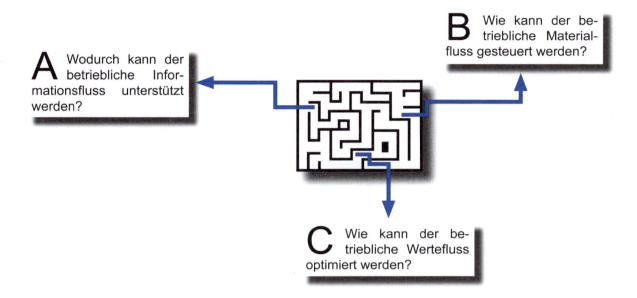

A Wodurch kann der betriebliche Informationsfluss unterstützt werden?

B Wie kann der betriebliche Materialfluss gesteuert werden?

C Wie kann der betriebliche Wertefluss optimiert werden?

2. Wege aus dem Labyrinth

Ausgangssituation: Mit der Abwicklung eines Kundenauftrags sind zahlreiche Informations-, Material- und Werteflüsse verbunden. Dabei stellen sich folgende Fragen:

 **A** **Wodurch kann der betriebliche Informationsfluss unterstützt werden?**

Welche Anforderungen muss ein modernes Informationsmanagement erfüllen, um Kundenaufträge möglichst reibungslos abwickeln zu können?

- Bei der Erfassung und Speicherung von Informationen: Schnelle Datenerfassung und verlässliche Verfügbarkeit der gespeicherten Daten

- Bei der Verarbeitung von Informationen: Fehlerfreie und schnelle Verarbeitung der Informationen

- Bei der Übermittlung von Informationen: Fehlerfreie Übermittlung und hohe Geschwindigkeit des Datentransfers

Ihre Aufgabe: Unterbreiten Sie Vorschläge, mithilfe welcher Mittel diese Anforderungen gewährleistet werden können?

Unterstützung der Auftragserfassung:
- **EDI** (Electronic Data Interchange): Zwischen dem Kunden und dem Vertrieb wird eine Datenverbindung eingerichtet, die eine elektronische Übermittlung des Kundenauftrags ermöglicht.

- **E-Commerce** bzw. **E-Purchasing:** Über die Internetseite können Kunden online Bestellungen durchführen.

Vorteile: Die Auftragsdaten (Käufer, Artikel, Menge, gewünschter Liefertermin etc.) werden direkt in das EDV-System des Vertriebs eingespielt. Die Übermittlung und Erfassung der Auftragsdaten wird dadurch beschleunigt. Fehler, die z. B. bei der manuellen Eingabe von Auftragsdaten passieren können, sind ausgeschlossen.

Unterstützung der Auftragsbearbeitung:

- **Intranet:** Alle an der Bearbeitung des Kundenauftrags beteiligten Einheiten (Vertrieb, Einkauf, Produktion, Lager, Rechnungswesen) können über ein innerbetriebliches Netzwerk auf elektronischem Weg Informationen austauschen.

- **ERP-System:** Eine zentrale Datenbank enthält alle Auftragsdaten, Kundendaten, Artikeldaten und Lagerdaten. Die verschiedenen Abteilungen können direkt auf die gespeicherten Daten zugreifen.

Vorteile: Das Intranet ermöglicht einen schnellen innerbetrieblichen Informationsaustausch. Das ERP-System vermeidet unnötige Schnittstellen und die damit verbundenen Fehlerquellen (z. B. Tippfehler, Übermittlungsfehler, Kommunikationsfehler). Aufwändige Datentransfers von einer Abteilung zur anderen sind nicht erforderlich, da alle Abteilungen auf die gleiche Datenbasis zugreifen können. So kann z. B. der Vertriebskaufmann vor Bestätigung des Liefertermins die bestandsmäßige Verfügbarkeit des Artikels prüfen, ohne dass die dazu notwendigen Daten erst vom Lager übermittelt werden müssen. Eine vom Vertriebskaufmann erstellte Rechnung wird automatisch als Forderung gebucht und steht der Debitorenbuchhaltung für die Überwachung der Zahlungseingänge sofort zur Verfügung.

Unterstützung der Produktionsplanung und -steuerung:

- Produktionsplanungs- und Steuerungssystem (**PPS-System**): Das PPS-System ist meist in das ERP-System integriert und unterstützt speziell die produktionsbezogenen Aufgabenstellungen (Terminplanung, Losgrößenbestimmung, Maschinenbelegung etc.).

Vorteile: Die einheitliche Datenbasis innerhalb der Produktion erleichtert die Planung des Produktionsprozesses und die Fertigungssteuerung. Die Durchlaufzeit kann minimiert und eine unter wirtschaftlichen Gesichtspunkten optimale Maschinenbelegung realisiert werden.

Unterstützung der Materialdisposition/Beschaffung:

- **ERP-System:** ERP-Systeme enthalten ein Beschaffungsmodul. Lagerhaltungsdaten sowie der Materialbedarf der Produktion stehen der Materialdisposition bzw. dem Einkauf zur Verfügung.

- **E-Procurement:** Ähnlich wie im Vertrieb kann auch die Beschaffung elektronische Verbindungen zu den Lieferanten nutzen. Internetbasierte Anwendungen ermöglichen es, Bestellungen direkt in das System des Lieferanten zu übertragen.

Vorteile: Bedarfsmeldungen aus der Produktion können unmittelbar in Bestellungen umgewandelt und ohne zeitliche Verzögerung an die Lieferer übermittelt werden. Der Beschaffungsprozess wird dadurch beschleunigt, schnittstellenbedingte Fehler werden vermieden.

 Die Einführung von komplexen EDV-Systemen (ERP-Systeme, E-Business-Anwendungen etc.) ist mit einem sehr großen Zeitaufwand und hohen Investitionen verbunden.

Die Investitionen lohnen sich in der Regel nur, wenn ein bestimmtes Volumen von Vorgängen dadurch beschleunigt bzw. kosteneffizienter gestaltet werden kann. Außerdem stellt die Einführung derartiger Systeme sehr hohe Anforderungen an die Mitarbeiter, die sich umstellen müssen (z. B. durch EDV-Schulungen). In den seltensten Fällen verläuft die Implementierung von komplexen EDV-Systemen vollkommen problemlos. Meist müssen noch „Kinderkrankheiten" ausgemerzt werden bis das System reibungslos funktioniert.

 **B** **Wie kann der betriebliche Materialfluss gesteuert werden?**

Worauf ist bei der Steuerung des Materialflusses zu achten, damit Kundenaufträge optimal ausgeführt werden können?

Die benötigten Materialien sollen

- zur richtigen Zeit (wann?)
- in der richtigen Menge (wie viel?)
- in der richtigen Qualität (wie beschaffen?)
- zu möglichst geringen Kosten (wie teuer?)
- am richtigen Ort (wo?)

sein.

Ihre Aufgabe: Finden Sie Ansatzpunkte dafür, wie sich diese Ziele des Materialflusses besser erreichen lassen.

Hierzu erscheint es sinnvoll, die Wertschöpfungskette in ihre einzelnen Bestandteile zu zerlegen:

Materialfluss vom Lieferer zum Industriebetrieb: Aufgabe der Beschaffungslogistik

- **Just-in-time-Prinzip:** Die Materialien werden fertigungssynchron angeliefert, sodass keine Lagerung erforderlich ist.

- **Industrieparks (Supplier Parks):** Der Industriebetrieb sitzt zusammen mit den Zulieferern auf dem gleichen Werksgelände. Die räumliche Nähe zu den Lieferern sorgt hier für minimale Transportzeiten.

- **Konsignationslager:** Der Lieferer unterhält ein Lager beim abnehmenden Industriebetrieb. Dort werden die Teile je nach Bedarf für die Produktion entnommen. Die Materialien sind bereits zum Bedarfszeitpunkt vor Ort verfügbar und müssen nicht erst vom Lieferer antransportiert werden.

(**Hinweis:** Die angeführten Konzepte werden im Modul „Beschaffungsprozesse" detailliert behandelt.)

Innerbetrieblicher Materialfluss: Aufgabe der Produktionslogistik

- **One-Piece-Flow:** Einzelne Werkstücke durchlaufen ohne Zwischenlagerung das gesamte Produktionssystem.

- **Kanban (Pull-Prinzip):** Die nachgelagerte Stufe steuert mit ihrem Bedarf die vorgelagerte Stufe. So fordert z. B. die Endmontage je nach Bedarf Teile von der Teilefertigung an. Unnötige Zwischenläger werden vermieden.

- **Innerbetriebliche Transportsysteme:** Technische Hilfsmittel, wie z. B. Hängebahnen, Fließbänder etc., beschleunigen den Transport der Werkstücke zwischen den Arbeitsplätzen.

(**Hinweis:** Die angeführten Konzepte werden im Modul „Leistungserstellungsprozesse" detailliert behandelt.)

Materialfluss vom Industriebetrieb zum Kunden: Aufgabe der Distributionslogistik

- **Kommissioniersysteme:** Rechnergesteuerte Hochregalläger ermöglichen eine schnelle Zusammenstellung der auszuliefernden Waren für die einzelnen Kundenaufträge.

- **Transportsysteme:** Genormte Transportbehälter (z. B. ISO-Container) sind für den Transport mit verschiedenen Verkehrsmitteln (Schiff, Eisenbahn, LKW) geeignet. Die Umschlagszeiten verkürzen sich dadurch enorm.

- **Logistikzentren:** Zentrale Verteilungsstellen bündeln das Transportvolumen und ermöglichen somit einen kosteneffizienten Transport der Güter.

Rückfluss von Altgeräten und Abfällen: Aufgabe der Entsorgungslogistik

- **Rücknahmesysteme:** Elektro- und Elektronik-Altgeräte werden durch die Hersteller systematisch erfasst und verwertet.

- **Recycling:** Abfälle aus wiederverwertbaren Stoffen werden für eine erneute Nutzung im Produktionsprozess aufbereitet (z. B. Papier, Glas, Kunststoff).

C Wie kann der betriebliche Wertefluss optimiert werden?

Die Abwicklung von Kundenaufträgen verursacht Werteflüsse in Form von Einnahmen und Ausgaben. Welche Ziele werden mit der Steuerung dieser Werteflüsse angestrebt?

Zahlungseingänge sollen möglichst frühzeitig, Zahlungsausgänge hingegen nicht früher als notwendig erfolgen. Insgesamt soll der betriebliche Wertefluss zu einem möglichst positiven Cashflow führen.

Ihre Aufgabe: Mit welchen Maßnahmen lässt sich der betriebliche Wertefluss so steuern, dass diese Ziele erreicht werden?

Auf der Einnahmenseite:

- **Anzahlungen:** Anzahlungen bewirken einen frühzeitigen Zahlungseingang, der im Idealfall die während der Herstellung entstehenden Ausgaben deckt. Anzahlungen sind vor allem bei Projekten (Großanlagen) üblich.

- **Vorkasse:** Hier erfolgt der Zahlungseingang bereits vor den herstellungsbedingten Ausgaben.

- **Kurze Zahlungsziele:** Die zeitliche Spanne zwischen Kostenanfall und dem Zahlungseingang wird möglichst gering gehalten.

 Das Problem derartiger Zahlungsbedingungen ist oft, dass sie in einem hart umkämpften Markt nicht von den Kunden akzeptiert werden. Die Durchsetzung hängt vom Wettbewerbsumfeld und dem individuellen Verhandlungsgeschick ab.

Auf der Ausgabenseite:

- **Lange Zahlungsziele:** Verbindlichkeiten aus Lieferungen und Leistungen stellen quasi zinslose Kredite dar. Je länger das Zahlungsziel, umso länger stehen die liquiden Mittel dem eigenen Unternehmen zur Verfügung.

 Lassen Sie die Skontofrist nicht verstreichen! Wer Skonto nicht nutzt, verschenkt bares Geld, da der Zinsvorteil des längeren Zahlungsziels geringer ist als der Skontobetrag. Ideal wäre eine Zahlung am letzten Tag der Skontofrist.

So trainiere ich für die Prüfung

Aufgaben

1. Wissensfragen

1.1 Lernfragen

1. Führen Sie eine Technik zur Erleichterung der Datenerfassung im Lager eines Industriebetriebes an.

2. Erklären Sie den Unterschied zwischen Internet und Intranet.

3. Nennen Sie je ein Konzept zur Verbesserung des Materialflusses aus der Beschaffungs-, Produktions- und Distributionslogistik.

4. Beschreiben Sie die Aufgabe der Entsorgungslogistik.

5. Nennen Sie drei mögliche Maßnahmen, die zu einem schnelleren Zahlungseingang auf der Einnahmenseite beitragen.

1.2 Mehrfachauswahl

Kreuzen Sie eine oder mehrere richtige Lösungen an.

1. Welche Aussage trifft auf das ERP-System eines Industriebetriebes zu?

a) Das ERP-System bildet alle Geschäftsprozesse des Industriebetriebes ganzheitlich ab.

b) Das ERP-System ist ein spezielles Finanzbuchhaltungsprogramm, das im Rechnungswesen verwendet wird.

c) Das ERP-System ist eine internetbasierte Anwendung, die den Industriebetrieb mit seinen Geschäftspartnern verbindet und einen elektronischen Datenaustausch ermöglicht.

d) Das ERP-System besteht aus einer Vielzahl unterschiedlicher Anwendungsprogramme und Datenbanken, die über Datenschnittstellen miteinander verbunden sind.

e) Das ERP-System enthält keine Informationen über Lager- und Artikeldaten.

2. In welchen Fällen handelt es sich aus Sicht eines Industriebetriebes um einen liquiditätserhöhenden Wertefluss?

a) Wir tilgen einen Kredit.

b) Wir leisten eine Anzahlung an einen Lieferanten.

c) Wir erhalten eine Steuerrückzahlung vom Finanzamt.

d) Ein Kunde erhält ein längeres Zahlungsziel.

e) Wir erstellen eine Rechnung für einen Kunden.

f) Wir erhalten eine Anzahlung von einem Kunden.

g) Wir senden einem Lieferer mangelhafte Waren zurück.

h) Ein Lieferer sendet uns eine kostenlose Produktprobe zu.

i) Ein Mitarbeiter bekommt Weihnachtsgeld.

3. Bringen Sie folgende Vorgänge des Informationskreislaufes eines Industriebetriebes in die richtige Reihenfolge. Ausgangspunkt ist der Eingang eines Kundenauftrages.

Vorgang	Reihenfolge (Ziffer 1 bis 6)
Bestellung an Lieferanten senden	
Kundenauftrag erfassen	
Fertigungsauftrag festlegen	
Wareneingang melden	
Auftragsbestätigung an den Kunden senden	
Materialbedarf an den Einkauf melden	

4. Ordnen Sie folgende Maßnahmen jeweils dem betreffenden Logistikbereich zu:

a) Auswahl des LKW als Transportmittel für die Beförderung einer Warensendung zum Kunden

b) Anordnung der Montagearbeitsplätze in der Reihenfolge des Arbeitsablaufs

c) Einrichtung eines Rücknahmesystems für gebrauchte Elektrogeräte

d) Einführung eines Just-in-time-Systems für die Versorgung der Produktion mit Fremdbauteilen

e) Einführung eines Konsignationslagers, das der Lieferer neben unserer Montagehalle führt

f) Trennung von Produktionsausschuss nach verschiedenen Materialarten

g) Errichtung einer Hängebahn, über die Fremdbauteile aus dem Lager direkt an die Montagelinie befördert werden

Logistikbereiche	Maßnahmen
Beschaffungslogistik	
Produktionslogistik	
Distributionslogistik	
Entsorgungslogistik	

5. Welche Aussagen zu der abgebildeten Benutzeroberfläche eines ERP-Systems sind richtig?

a) Es handelt sich um ein reines E-Purchasing-System.

b) Die Module „Debitoren und Verkauf", „Kreditoren und Einkauf" sowie „Lager" sind jeweils eigene Anwendungsprogramme ohne gemeinsame Datenbasis.

c) Der Eingang einer Warenlieferung wirkt sich sowohl im Modul „Kreditoren und Einkauf" als auch im Modul „Lager" aus.

d) Der Eingang einer Warenlieferung wird im Modul „Lager" als Lagerzugang erfasst. Auf andere Module des Systems ergeben sich keine Auswirkungen.

e) Alle Lieferantenrechnungen müssen im Modul Finanzbuchhaltung durch manuelle Eingabe als Buchungssatz erfasst werden.

f) Sind im Rahmen der Kundenauftragsabwicklung eine Rechnung und ein Lieferschein zu erstellen, so kann dabei im Modul „Debitoren und Verkauf" auf die bereits gespeicherten Daten des Kundenauftrags zurückgegriffen werden.

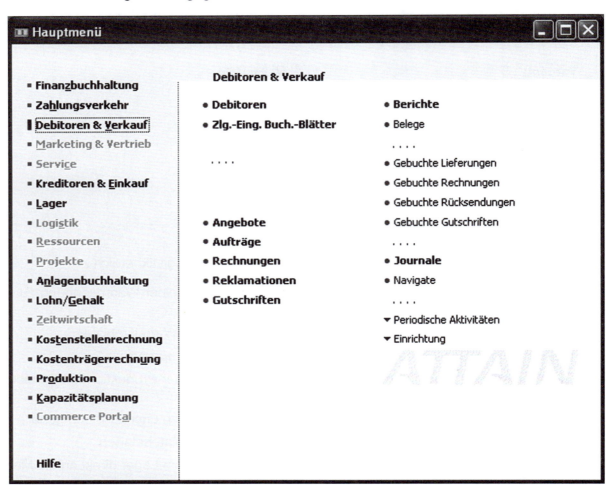

1.3 Richtig oder falsch?

Aussage	Richtig oder falsch?
1. E-Commerce umfasst die Abwicklung aller Geschäftsprozesse über elektronische Medien.	
2. Unter Electronic Data Interchange ist der elektronische Datenaustausch zwischen Anwendungssystemen unterschiedlicher Organisationen zu verstehen.	
3. Supply Chain Management befasst sich ausschließlich mit der Optimierung des innerbetrieblichen Materialflusses.	
4. Um den Wertefluss zu verbessern, sollten Zahlungsziele der Lieferanten immer bis zum letzten Tag ausgenutzt werden.	
5. Das Intranet ist die Basis für den elektronischen Datenaustausch mit Geschäftspartnern.	
6. Logistikzentren ermöglichen die effiziente Bündelung von Transportvorgängen.	

2. Fallsituation

Bei einem Industriebetrieb mit 2.000 Mitarbeitern werden in jedem Funktionsbereich unterschiedliche EDV-Systeme eingesetzt. Viele Mitarbeiter bemängeln die zum Teil chaotische DV-Landschaft mit ihren zahlreichen Schnittstellen. So macht beispielsweise auch die Bearbeitung eingehender Rechnungen unverhältnismäßig große Probleme: Eine Rechnung geht in der Poststelle ein und wird zunächst an die Buchhaltung weitergeleitet. Dort wird die Rechnung erfasst und per Hauspost an die zuständige Fachabteilung geschickt. In der Fachabteilung wird die Rechnung geprüft, genehmigt und wiederum per Hauspost an die Buchhaltung zurückgesandt, wo man sie zur Zahlung anweist und archiviert. Insgesamt sind eingehende Rechnungen bis zur Zahlung im Durchschnitt ca. 10 bis 14 Tage innerhalb des Unternehmens unterwegs. Teilweise ist es nicht mehr nachvollziehbar, wo sich eine bestimmte Rechnung gerade befindet.

a) Erläutern Sie zwei Ursachen, die hier zu einer falschen oder verzögerten Rechnungsbearbeitung führen können.

b) Frau Herbst, eine langjährige Rechnungsprüferin beurteilt die Situation wie folgt: „Die langen Bearbeitungszeiten sind eigentlich gar nicht so schlimm, weil die meisten Rechnungen ja sowieso ein Zahlungsziel von 30 Tagen und mehr aufweisen. Bis jetzt hat sich noch kein Lieferant beschwert, dass wir Rechnungen nicht rechtzeitig beglichen hätten."

Nehmen Sie Stellung zu dieser Aussage.

c) Nennen Sie zwei Beispiele für unnötige Kosten, die mit der bisherigen Prozedur der Rechnungsbearbeitung verbunden sind.

d) Um den Informationsfluss im Unternehmen zu verbessern, entschließt sich die Unternehmensleitung zur Einführung eines ERP-Systems, das die verschiedenen bisher existierenden EDV-Programme ablöst. Erläutern Sie, inwieweit sich die Einführung des ERP-Systems positiv auf den Prozess der Rechnungsbearbeitung auswirken kann.

e) Erklären Sie anhand eines Beispiels, wie die Einführung eines ERP-Systems auch einen Beitrag zur Verbesserung des Materialflusses leisten kann.

f) Führen Sie zwei Probleme an, die mit der Einführung des ERP-Systems verbunden sein können.

Lösungen

1. Wissensfragen

1.1 Lernfragen

1. Z. B. Barcode-Systeme (oder RFID)

2. Das Intranet ist ein innerbetriebliches Informations- und Kommunikationsnetzwerk, an dem alle Mitarbeiter eines Betriebes bzw. Unternehmens teilnehmen können. Das Internet ermöglicht Datenverbindungen zwischen unterschiedlichen Standorten und Unternehmen.

3. Beschaffungslogistik: z. B. Just-in-time-System
   Produktionslogistik: z. B. Kanban-System
   Distributionslogistik: z. B. genormte Transportbehälter (ISO-Container)

4. Die Aufgabe der Entsorgungslogistik besteht darin, die durch den Leistungserstellungsprozess entstehenden Abfälle zu verwerten bzw. zu entsorgen.

5. Anzahlungen, Vorkasse, kürzere Zahlungsziele gegenüber Kunden

1.2 Mehrfachauswahl

1. a

b), e) falsch, da hier die Ganzheitlichkeit des Systems fehlt

c) EDI (Electronic Data Interchange)

d) ERP-System: Zentrale Datenbank, keine (bzw. nur wenige) Schnittstellen

2. c und f

a), b), i) Liquiditätsabfluss

d) Führt zu späteren Zahlungseingängen, daher negativ für Liquidität

e) Liquidität fließt erst mit der Bezahlung der Rechnung zu.

g), h) Materialfluss

3.

Vorgang	Reihenfolge (Ziffer 1 bis 6)
Bestellung an Lieferanten senden	5
Kundenauftrag erfassen	1
Fertigungsauftrag festlegen	3
Wareneingang melden	6
Auftragsbestätigung an den Kunden senden	2
Materialbedarf an den Einkauf melden	4

4.

Logistikbereiche	Maßnahmen
Beschaffungslogistik	d, e
Produktionslogistik	b, g
Distributionslogistik	a
Entsorgungslogistik	c, f

5. c und f

a) falsch: Das ERP-System deckt nicht nur die Verkaufsfunktion ab, sondern u. a. auch die Einkaufs- und Lagerfunktion.

b) **falsch:** Die ERP-Software besteht aus einem Anwendungsprogramm, das alle Funktionen abdeckt. Es existiert eine zentrale Datenbank.

c) **richtig:** Im Modul „Kreditoren und Einkauf" wird durch den Wareneingang die offene Bestellung gelöscht, im Modul „Lager" wird der Lagerzugang erfasst.

d) **falsch:** (Begründung siehe c)

e) **falsch:** Lieferantenrechnungen müssen in der Regel nicht manuell gebucht werden; die Buchung wird im Normalfall mit Erfassung der Lieferung im Modul „Kreditoren und Einkauf" ausgelöst.

f) **richtig:** Der Kundenauftrag existiert bereits im Modul „Debitoren und Verkauf". Der Auftrag kann per Mausklick in eine Rechnung und einen Lieferschein umgewandelt werden.

1.3 Richtig oder falsch?

1. **falsch:** E-Commerce bezieht sich nicht auf alle Geschäftsprozesse, sondern nur auf den elektronischen Handel.

2. **richtig**

3. **falsch:** Supply Chain Management betrachtet die gesamte Wertschöpfungskette von den Vorlieferanten bis zu den Endkunden.

4. **falsch:** Wenn der Lieferant Skonto gewährt, ist eine Bezahlung vor Ablauf der Skontofrist sinnvoll.

5. **falsch:** Das Internet ...

6. **richtig**

2. Fallsituation

a)

Es sind zu viele verschiedene Abteilungen und Mitarbeiter am Prozess der Rechnungsbearbeitung beteiligt. In jeder Abteilung bleibt die Rechnung eine Zeit lang im Posteingangskorb liegen, bis sie bearbeitet wird. Ist dann beispielsweise auch noch ein Mitarbeiter in dieser Prozesskette krank bzw. in Urlaub, kann sich der gesamte Bearbeitungsprozess um mehrere Tage hinauszögern. Je mehr Stationen die Rechnungen durchlaufen, umso größer ist auch noch die Gefahr, dass einzelne Rechnungen verloren gehen oder fehlgeleitet werden.

A

Es findet keine elektronische Datenübertragung zwischen der Buchhaltung und den zuständigen Fachabteilungen statt. Die Mitarbeiter in der Fachabteilung müssen mit der Rechnungsprüfung warten bis die Rechnung in Papierform auf ihrem Schreibtisch liegt. Durch die innerbetrieblichen Transportvorgänge mit der Hauspost kann dies relativ lange dauern. Mit dem Rückweg der Rechnung zur Buchhaltung verhält es sich ebenso.

C

b)

Frau Herbst hat nicht berücksichtigt, dass wegen der langen Durchlaufzeiten Skontofristen ungenutzt verstreichen können. Jeder „verschenkte" Skontoabzug stellt einen unnötigen Geldverlust dar.

C

c)

- (unnötige Skontoverluste)
- unnötig hohe Bearbeitungskosten (Personalkosten)
- unnötig hohe Kopierkosten/Papierkosten (z. B. für die Archivierung)

A

d)

Die Rechnungen werden in der Buchhaltung erfasst (evtl. auch eingescannt) und stehen der Fachabteilung dann sofort in digitaler Form zur Verfügung. Die Fachabteilungen können über das ERP-System auf die erfassten Rechnungen zugreifen, diese am Bildschirm prüfen und genehmigen. Die Buchhaltung bekommt ohne weiteren Zeitverlust Rückmeldung über das Ergebnis der Rechnungsprüfung und kann genehmigte Rechnungen schneller zur Zahlung freigeben. Der zeitaufwendige und fehleranfällige Transport der Rechnungen von einer Abteilung zur anderen entfällt. Die Bearbeitungskosten sinken, Kopier- bzw. Papierkosten können durch das Einscannen der Rechnungen reduziert werden.

B

e)

Beispiel: Geht im Vertrieb eine Bestellung ein, kann der Vertriebsmitarbeiter über das ERP-System den aktuellen Lagerbestand des jeweiligen Artikels direkt an seinem Bildschirm einsehen und die Verfügbarkeit feststellen. Die Auslieferung der Ware kann dadurch schneller veranlasst werden, der Materialdurchfluss wird beschleunigt.

A

f)

- Hohe Investitionen für die Implementierung der Software und den Lizenzerwerb
- Umstellungsschwierigkeiten für die Mitarbeiter, die sich erst an das neue System gewöhnen müssen

III. Betriebsorganisation

Unter der Organisation eines Betriebes versteht man zum einen die Aufbauorganisation und zum anderen die Ablauforganisation. Die Aufbauorganisation stellt das hierarchische Gerüst eines Unternehmens dar, während die Ablauforganisation die Arbeitsabläufe innerhalb des Unternehmens regelt. Da sich die Organisation von Arbeitsabläufen immer stärker an Geschäftsprozessen orientiert, spricht man in diesem Zusammenhang auch von einer geschäftsprozessorientierten Organisation.

1. Betriebliche Aufbauorganisation

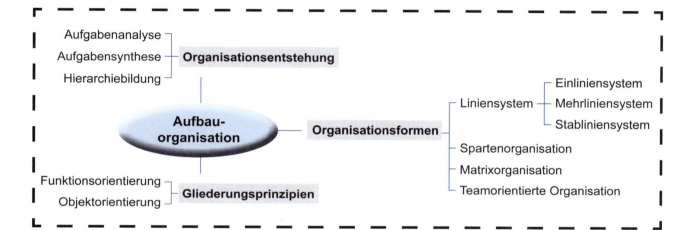

Was muss ich für die Prüfung wissen?

Zweck der Aufbauorganisation ist es, eine sinnvolle arbeitsteilige Gliederung der betrieblichen Prozesse durch die Strukturierung des Unternehmens in organisatorische Einheiten herbeizuführen.

1.1 Organisationsentstehung

Die Entwicklung einer betrieblichen Aufbauorganisation erfolgt systematisch in mehreren Schritten:

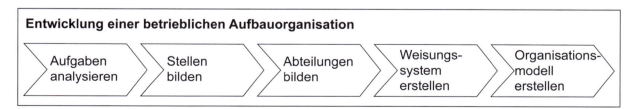

Aufgabenanalyse: Eine komplexe Gesamtaufgabe wird in übersichtliche Teilaufgaben zerlegt.

Aufgabensynthese: Mehrere Teilaufgaben werden zu Stellen und die Stellen anschließend zu Abteilungen zusammengefasst.

Stellenbildung: Sachlogisch verwandte Teilaufgaben werden zu Stellen gebündelt.

Stelle: Eine Stelle ist die kleinste organisatorische Einheit eines Betriebes. Sie wird mit einer Person (Stelleninhaber) besetzt und grenzt den Aufgabenbereich des Stelleninhabers ab. Die mit einer Stelle verbundenen Aufgaben werden in einer Stellenbeschreibung festgelegt.

Abteilungsbildung: Mehrere sachlogisch verwandte Stellen werden zu Abteilungen zusammengefasst.

Abteilung: Eine Abteilung ist eine organisatorische Einheit, die durch Zusammenfassung mehrerer Stellen zu einem Verantwortungsbereich unter einheitlicher Leitung entsteht.

Hierarchiebildung und Weisungssystem:

Das Recht, anderen Stellen Weisungen (Anordnungen) erteilen zu dürfen, wird als Weisungsbefugnis bezeichnet. Durch Weisungsbefugnisse entsteht eine hierarchische Struktur aus über- und untergeordneten Stellen. Man unterscheidet in diesem Zusammenhang folgende Stellenarten:

- **Instanzen:** Instanzen sind Stellen mit Leitungsbefugnis (Entscheidungs- und Weisungsbefugnis). Sie dürfen eigenständig Entscheidungen treffen und anderen Stellen Weisungen erteilen.

- **Stabsstellen:** Stabsstellen haben keine Entscheidungs- und Weisungsbefugnis. Sie erfüllen eine unterstützende bzw. beratende Funktion gegenüber Instanzen bzw. der Unternehmensleitung.

- **Ausführende Stellen:** Sie führen die Anordnungen der Instanzen aus und besitzen keine Entscheidungs- und Weisungsbefugnis.

Organisationsmodelle:

Die Stellen, Abteilungen und deren hierarchische Beziehung zueinander ergeben die Organisationsstruktur eines Unternehmens. Das so entstandene Organisationsmodell wird in der Regel in einem Organisations-Schaubild (Organigramm) dargestellt.

Organigramm: Abbildung der Aufbauorganisation eines Unternehmens

1.2 Gliederungsprinzipien

Durch Aufgabenanalyse und anschließender Aufgabensynthese entsteht die Gliederung eines Unternehmens in verschiedene Organisationseinheiten. Die Gliederung kann grundsätzlich nach dem Verrichtungsprinzip (funktionsorientiert) oder nach dem Objektprinzip (objektorientiert) erfolgen.

Funktionsorientierung (Verrichtungsprinzip):

Organisationseinheiten (z. B. Stellen) mit gleichartigen Funktionen (Aufgaben, Verrichtungen) werden zu einer übergeordneten Organisationseinheit (z. B. Abteilung) zusammengefasst. Es entsteht eine funktionale Gliederung der Organisationsstruktur.

Häufig vorkommende betriebliche Funktionen sind Beschaffung, Produktion, Absatz, Finanzierung, Verwaltung, Leitung.

Betriebliche Grundfunktionen können dabei wiederum aus mehreren Unterfunktionen bestehen. So kann z. B. die Funktion Beschaffung in Einkauf, Warenannahme und Lager unterteilt sein.

Objektorientierung (Objektprinzip):

Für gleichartige Objekte werden Organisationseinheiten (z. B. Abteilungen) gebildet. Somit entsteht eine objektorientierte Organisationsstruktur.

Objekte können sein: Produkte/Produktgruppen, Kunden/Kundengruppen, Regionen/Länder

1.3 Organisationsformen

Liniensystem:

Liniensysteme sind dadurch gekennzeichnet, dass es nur einen vertikalen Kommunikationsweg gibt. Es ist klar definiert, von welchen Instanzen die einzelnen Stellen Weisungen erhalten. Es gibt drei Varianten des Liniensystems: das Einlinien-, das Mehrlinien- und das Stabliniensystem.

Einliniensystem:
Jede Stelle erhält nur von einer unmittelbar übergeordneten Instanz Weisungen.

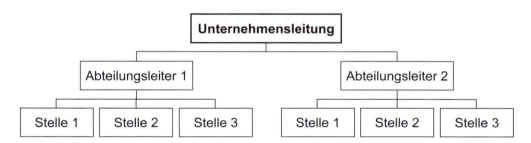

Beispiel: Die Unternehmensleitung erteilt Weisungen an die Abteilungsleiter der Abteilungen 1 und 2, die Abteilungsleiter jeweils an die ihnen untergeordneten Stellen.

Mehrliniensystem:
Die einzelnen Stellen können von mehreren unmittelbar übergeordneten Instanzen Weisungen bekommen.

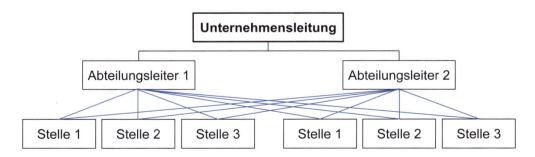

Beispiel: Jede Stelle empfängt Weisungen sowohl vom Leiter der Abteilung 1 als auch vom Leiter der Abteilung 2.

Stabliniensystem:

Das Stabliniensystem basiert auf dem Ein- bzw. Mehrliniensystem. Den Instanzen sind zur Unterstützung spezialisierte Stäbe zugeordnet. Die Stabsstellen haben beratende Funktion, besitzen jedoch keine Weisungsbefugnis.

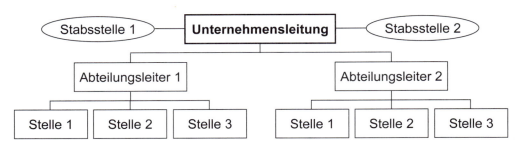

Beispiel: Die Unternehmensleitung wird durch zwei Stabsstellen unterstützt, die keine Weisungsbefugnis gegenüber den Abteilungsleitern und den anderen Stellen besitzen. Dies erkennt man daran, dass zwischen den Stabsstellen und den unterhalb der Unternehmensleitung angesiedelten Einheiten keine Verbindungslinien existieren.

Spartenorganisation:

Das Unternehmen wird nach dem Objektprinzip in Sparten unterteilt (in der Regel Produktgruppen). Man spricht in diesem Zusammenhang auch von einer divisionalen Organisation. Jede Sparte bildet dabei einen weitestgehend selbstständigen Unternehmensbereich. Sparten, die ein eigenes Ergebnis ermitteln, für das sie die Verantwortung tragen, werden als Profit-Center bezeichnet.

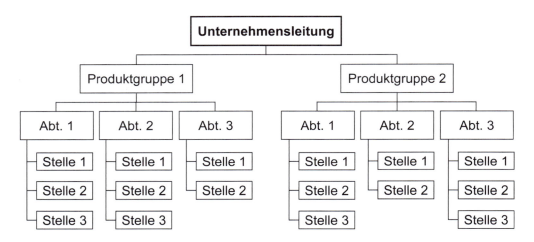

Beispiel: Das Unternehmen ist in zwei Sparten (Produktgruppe 1 und Produktgruppe 2) gegliedert. Die weitere Unterteilung in Abteilungen und Stellen entspricht der eines Liniensystems.

Matrixorganisation:

Die Matrixorganisation kombiniert Verrichtungs- und Objektprinzip. Funktionsmanager leiten die Funktionsbereiche, Objektmanager leiten die Objektgruppen. Jede Stelle erhält Weisungen von einem Funktions- und einem Objektmanager.

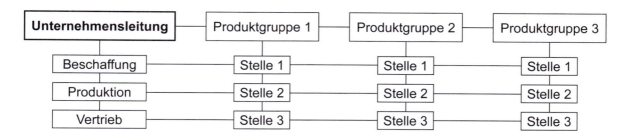

Beispiel: Das Unternehmen ist horizontal in Produktgruppen und vertikal in Funktionen unterteilt. In der Produktgruppe 1 bekommt Stelle 3 sowohl Weisungen des Leiters der Produktgruppe 1 als auch Weisungen des Vertriebsleiters.

Teamorientierte Organisation:

Die Mitarbeiter sind in hierarchiefreien Teams organisiert. Zwischen den Teammitgliedern besteht kein Über-/Unterordnungsverhältnis. Jedes Team hat einen Teamsprecher, der das Team gegenüber anderen Organisationseinheiten bzw. Leitungsorganen vertritt.

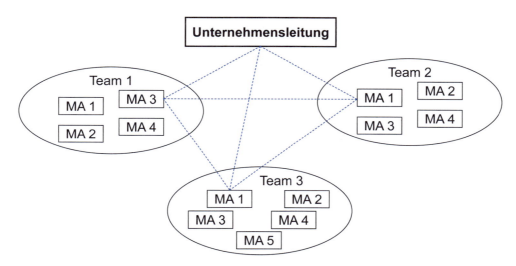

Beispiel: Drei Teams unterstehen der Unternehmensleitung. Innerhalb der Teams bestehen keine Weisungsbefugnisse. Mitarbeiter 3 (MA 3) ist Teamsprecher von Team 1; über ihn laufen die Kommunikationswege zu den anderen Teams und der Unternehmensleitung.

Was erwartet mich in der Prüfung?

1. Das Lernlabyrinth

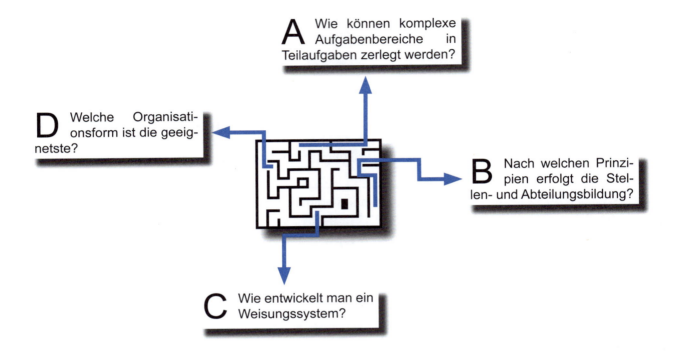

A Wie können komplexe Aufgabenbereiche in Teilaufgaben zerlegt werden?

D Welche Organisationsform ist die geeignetste?

B Nach welchen Prinzipien erfolgt die Stellen- und Abteilungsbildung?

C Wie entwickelt man ein Weisungssystem?

2. Wege aus dem Labyrinth

Beispiel – Ausgangssituation:

Für die Antriebstechnik AG soll eine Organisationsstruktur entwickelt werden. Das Unternehmen beschäftigt 2.000 Mitarbeiter und stellt Antriebssysteme für den Fahrzeug- und Maschinenbau her. Schwerpunkte sind Getriebe und Motoren. Außerdem werden auch komplette Antriebssysteme nach individuellen Kundenwünschen angeboten. Das Unternehmen hat Kunden in aller Welt. Ungefähr die Hälfte des Umsatzes wird im Ausland erzielt.

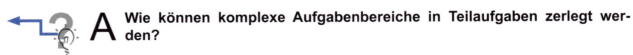

A Wie können komplexe Aufgabenbereiche in Teilaufgaben zerlegt werden?

Bei der Aufgabenanalyse wird eine Gesamtaufgabe schrittweise in ihre einzelnen Bestandteile zerlegt. Untergrenze der Gliederung bilden die sog. Elementaraufgaben.

Die Gliederung kann nach verschiedenen Kriterien vorgenommen werden.

Gliederungskriterium:	Beispiele:
Verrichtungen	einkaufen, herstellen, montieren, lagern, verpacken, verkaufen
Objekte	Produkte, Zwischenprodukte, Fremdbauteile, Rohstoffe
Phasen	planen, durchführen, kontrollieren
Rangstufen	anordnen, ausführen
Zweckbeziehung	Zweckaufgaben (z.B. Fertigung, Vertrieb), unterstützende Aufgaben (z.B. Verwaltung)

Welche Gliederungskriterien jeweils angewendet werden, hängt von der zu analysierenden Aufgabe ab. Zu den wichtigsten Gliederungskriterien zählen sicherlich die Verrichtungen und die Objekte.

Weiterhin stellt sich die Frage, wie detailliert eine Aufgabenanalyse sein soll.

 Solange die Aufgabe für eine einzelne Stelle zu groß ist, muss sie weiter zerlegt werden. Die Gliederung sollte enden, sobald klar ist, dass alle Teilaufgaben, die durch eine weitere Zerlegung entstehen würden, zur gleichen Stelle gehören.

Beispiel: Bei der Antriebstechnik AG wird eine Aufgabenanalyse durchgeführt.

Gesamtaufgabe des Unternehmens: Herstellung und Verkauf von Antriebssystemen

Diese sehr allgemein gefasste Aufgabe kann weiter unterteilt werden in die Aufgabenkomplexe Beschaffung, Produktion, Absatz, Verwaltung etc.

Der Aufgabenkomplex Produktion wiederum lässt sich in mehrere Teilaufgaben zerlegen: z.B. Arbeitsvorbereitung, Teilefertigung, Montage.

Die Teilefertigung umfasst unterschiedliche Zwischenprodukte. Dazu zählen u. a. Zahnräder, Wellen und Kleinteile.

Bei der Herstellung der Zwischenprodukte fallen jeweils die Tätigkeiten Drehen, Bohren und Fräsen an. Diese Tätigkeiten stellen die Elementaraufgaben dar. Es ist davon auszugehen, dass die einzelnen Handlungsschritte, die beispielsweise zum Drehen gehören, von einem Mitarbeiter (Stelleninhaber) vollzogen werden. Eine weitere Zerlegung der Aufgaben erscheint daher nicht mehr sinnvoll.

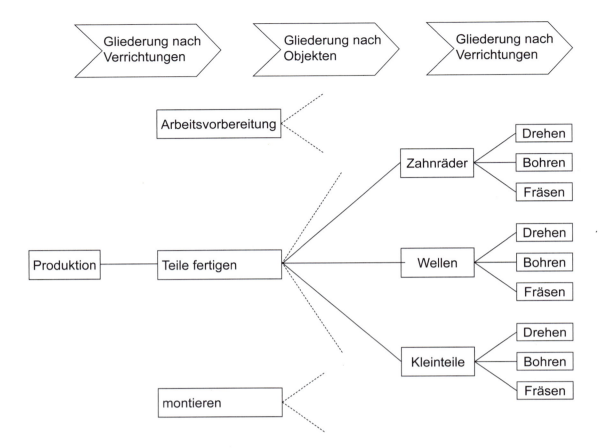

 B **Nach welchen Prinzipien erfolgt die Stellen- und Abteilungsbildung?**

Die im Rahmen der Aufgabenanalyse festgelegten Teilaufgaben werden in der Aufgabensynthese sachlogisch zusammengefasst. Auch für die Aufgabensynthese können das Verrichtungs- bzw. das Objektprinzip herangezogen werden.

1. Schritt: Die Teilaufgaben werden zu Stellen gebündelt.

Beispiel für eine funktionsorientierte Stellenbildung (Verrichtungszentralisation):

Die Zusammenfassung erfolgt nach den Verrichtungen Drehen, Bohren und Fräsen.

Alle Teilaufgaben, die Drehen zum Inhalt haben, werden zu einer Stelle zusammengefasst. Mit den anderen Verrichtungen wird analog verfahren.

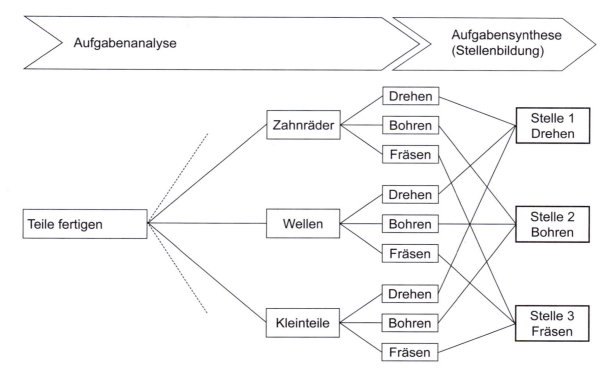

Beispiel für eine objektorientierte Stellenbildung (Objektzentralisation):

Die Zusammenfassung erfolgt nach den Zwischenprodukten, die im Rahmen der Teilefertigung hergestellt werden.

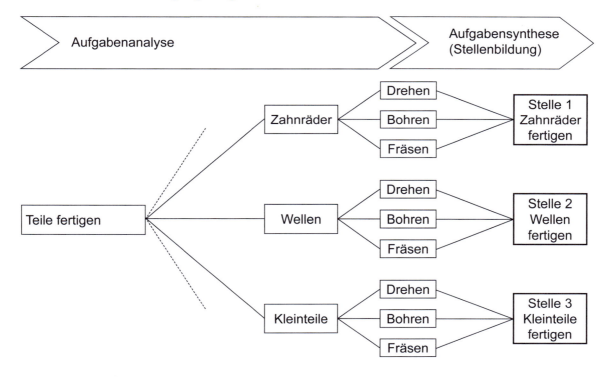

! Fassen Sie nicht zu viele und nicht zu unterschiedliche Teilaufgaben zu einer Stelle zusammen. Die mit der Stelle verbundenen Aufgaben müssen von **einem** Stelleninhaber erledigt werden können.

Jede Stelle wird durch eine Stellenbeschreibung charakterisiert. Eine Stellenbeschreibung sollte u. a. folgende Aspekte beinhalten:

- Stellenbezeichnung
- Einordnung der Stelle in die Organisationsstruktur des Unternehmens
- über- und untergeordnete Stellen
- betriebliche Vollmachten und Stellvertretung
- Zielsetzung der Stelle
- Beschreibung der Tätigkeiten
- Anforderungen an den Stelleninhaber
- Zusammenarbeit mit anderen Stellen
- Entgeltgruppe

Eine Stellenbeschreibung für die Stelle eines Drehers in der Antriebstechnik AG könnte z. B. wie folgt aussehen:

Stellenbezeichnung:	Dreher/in
Organisatorische Eingliederung:	Vorgesetzter: Meister der Abteilung Teilefertigung untergeordnete Stellen: keine
Vollmachten/Vertretung:	keine Vertretungsbefugnis Unterschrift: „im Auftrag"
Zielsetzung:	Der Stelleninhaber ist dafür verantwortlich, dass die zugewiesenen Werkstücke aus Metall sach- und termingerecht nach den vorgegebenen Maßen, Zeiten und Qualitätsnormen durch Drehtechnik bearbeitet werden.
Aufgaben:	- Bearbeitung von metallischen Werkstücken an CNC- gesteuerten Drehmaschinen - Selbstständiges Rüsten, Programmieren und Bearbeiten der Teile nach Fertigungsauftrag und Zeichnung - Sicherstellung und Optimierung einer kostengünstigen, qualitativ hochwertigen und termingerechten Fertigung der Werkstücke
Anforderungen:	- Erfolgreich abgeschlossene Ausbildung als Dreher/in / Zerspanungsmechaniker/in Drehtechnik bzw. mit CNC-Erfahrung - Flexibilität - Bereitschaft zur Schichtarbeit - Teamfähigkeit - Körperliche Belastbarkeit
Entgeltstufe:	Entgeltgruppe 5, Stufe B

Verwechseln Sie die Stellenbeschreibung nicht mit der Stellenausschreibung bzw. einer Stellenanzeige.

Die Stellenbeschreibung ist in erster Linie für den Stelleninhaber und seinen Vorgesetzten gedacht; sie enthält deshalb auch organisatorische und betriebsinterne Informationen. Stellenausschreibung und -anzeige hingegen sind Instrumente der Personalbeschaffung. Im Hinblick auf Aufgaben und Anforderungen dient die Stellenbeschreibung als Grundlage für Stellenausschreibungen/-anzeigen.

2. Schritt: Die Stellen werden zu Abteilungen zusammengefasst.

Beispiel für eine funktionsorientierte Abteilungsbildung:

Die Verrichtungen Drehen, Bohren und Fräsen werden zur Abteilung Teilefertigung gebündelt. Die Teilefertigung bildet zusammen mit der Arbeitsvorbereitung und der Montage die funktionsorientierte Abteilung Produktion.

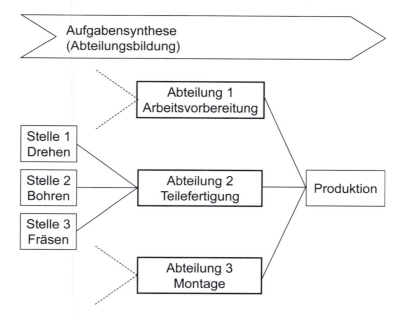

Beispiel für eine objektorientierte Abteilungsbildung in der Fertigung:

Die für die Herstellung von mechanischen Getrieben arbeitenden Stellen werden zur Abteilung Mechanische Getriebe gebündelt. Diese wiederum bildet zusammen mit den anderen Getriebearten die Abteilung Getriebefertigung. Analog zur Getriebefertigung könnte beispielsweise noch eine Abteilung Motorenbau bestehen.

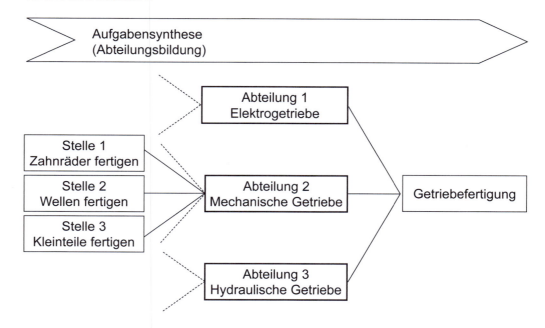

> Die Abteilungsbildung stellt die Grundlage für das Weisungssystem dar. Für jede Abteilung muss ein Leiter eingesetzt werden. Zu viele Abteilungen führen zu „Wasserköpfen", zu wenig Abteilungen zu einer Überlastung der Führungskräfte

C Wie entwickelt man ein Weisungssystem?

Durch die Bildung von Stellen und Abteilungen ist das hierarchische Grundgerüst bereits angelegt. Jedoch stellt sich noch die Frage, welche Instanzen welchen Stellen Weisungen erteilen dürfen. Die einzelnen Organisationseinheiten müssen also nach ihrer Weisungsbefugnis in eine Rangfolge gebracht werden.

Es existieren zwei grundsätzliche Möglichkeiten für die Konzeption eines Weisungssystems:

Prinzip der Einheit der Auftragserteilung:

Dieses Prinzip besagt, dass jede Stelle nur von genau einer vorgesetzten Stelle Weisungen erhält. Weisungsrechte und Folgepflichten bestehen hier nur zwischen einander unmittelbar über- bzw. untergeordneten Stellen. Die Weisungen sollen vertikal von der Unternehmensleitung ausgehend über die Abteilungsleiter bis zu den ausführenden Stellen durchdringen. Es entsteht ein lineares Weisungssystem, das der Organisationsform des Liniensystems entspricht. Es eignet sich vor allem dann, wenn eine straffe Unternehmensführung angestrebt wird.

Funktionsmeistersystem:

Der „Funktionsmeister" ist Spezialist auf einem Fachgebiet und hat Weisungsrechte nur für dieses Gebiet, diese jedoch linienübergreifend. Daraus resultiert das Konzept der Mehrfachunterstellung bzw. das Mehrliniensystem. Spezialisierte Fachkompetenzen werden dadurch besser ausgeschöpft. In großen Unternehmen mit mehreren Sparten erfüllen oft sog. Zentralabteilungen bzw. Zentralbereiche diesen Zweck.

Möchte man Expertenkompetenz nutzen und dennoch ein lineares Weisungssystem beibehalten, können Stäbe gebildet werden, die nur beratende Funktion besitzen, aber eben keine Weisungsbefugnis.

Insgesamt kann ein Weisungssystem somit aus folgenden Elementen bestehen:

Elemente eines Weisungssystems	Weisungsbefugnis
Unternehmensleitung	weisungsbefugt gegenüber allen Stellen
Linieninstanzen	weisungsberechtigt gegenüber den unmittelbar untergeordneten Stellen
Fachinstanzen	weisungsberechtigt in Fragen eines bestimmten Fachgebietes
Stabsstellen	beratende Funktion, keine Weisungsbefugnis
ausführende Stellen	ausführende Funktion, keine Weisungsbefugnis

Diese Elemente bilden quasi den „Baukasten" für die Modellierung einer hierarchischen Organisationsstruktur.

Beispiel: Weisungssystem der Antriebstechnik AG

Für die Antriebstechnik AG ist ein lineares Weisungssystem (Einliniensystem) zu starr. Das Unternehmen ist mit 2.000 Mitarbeitern für ein solches System zu groß, die Unternehmensführung wäre überlastet. Das Weisungssystem der Antriebstechnik AG wird demnach auch Elemente des sog. „Funktionsmeistersystems" (z. B. Zentralabteilungen) und Stäbe enthalten.

 **D**

Welche Organisationsform ist die geeignetste?

Aufgabenanalyse, -synthese und das Weisungssystem sind die Werkzeuge der Organisationsbildung. Ihr Ergebnis ist ein Organisationsmodell, das in Form eines Organigramms abgebildet wird. Die Wahl der Organisationsform wird vor allem beeinflusst durch:

- **Betriebsgröße:** Großunternehmen sind beispielsweise zu komplex, als dass man sie über ein Einliniensystem steuern könnte. Die Unternehmensleitung wäre überfordert.

- **Produktspektrum:** Eine produktorientierte Gliederung setzt voraus, dass das Sortiment aus verschiedenartigen Produkten besteht.

- **Art der Tätigkeiten:** Kreativität beispielsweise kann man nicht anordnen. Starre Weisungssysteme sind daher eher hinderlich, wenn es um kreative Tätigkeiten geht (z. B. Forschung und Entwicklung).

Unter Berücksichtigung dieser Einflussfaktoren lassen sich die einzelnen Organisationsformen wie folgt beurteilen:

Einliniensystem: Jede Stelle erhält nur von einer unmittelbar übergeordneten Instanz Weisungen.

Vorteile	Nachteile	Anwendung
- Übersichtlichkeit, - eindeutige Dienstwege, - keine Kompetenzkonflikte, - erleichterte Kontrolle durch die Unternehmensführung	- lange Dienstwege, - geringe Flexibilität, - starke Belastung und evtl. fachliche Überforderung der Führungskräfte, - Gefahr des Motivationsverlustes bei den untergeordneten Stellen	vor allem Kleinunternehmen (z. B. Handwerksbetriebe), ungeeignet für größere Industriebetriebe

Mehrliniensystem: Die einzelnen Stellen können von mehreren unmittelbar übergeordneten Instanzen Weisungen bekommen.

Vorteile	Nachteile	Anwendung
- Entlastung der Unternehmensführung, - hohe Problemlösungskapazität, - kurze Weisungs- und Informationswege	- großer Bedarf an Führungskräften, - Gefahr von Kompetenzkonflikten, - evtl. zu viele Befehlsquellen für die Mitarbeiter	wenn spezielle Aufgabenbereiche Expertenanordnungen erfordern (z. B. Leiter der Abteilung Exportkontrolle erteilt den Vertriebsmitarbeitern Anweisungen zur korrekten Zollabwicklung)

Stabliniensystem: Eine um Stabsstellen erweiterte Form des Liniensystems (meist Einliniensystem)

Vorteile	Nachteile	Anwendung
zusätzlich zu den Vorteilen des Liniensystems: - Entlastung der Führungskräfte, - Nutzung von Expertenkompetenz für die Entscheidungsvorbereitung	zusätzlich zu den Nachteilen des Liniensystems: - Gefahr von Konflikten zwischen Stäben und Linieninstanzen, - Praxisferne der Stäbe, - Gefahr der mangelnden Akzeptanz der Stäbe in der Belegschaft	in größeren Betrieben sind Stabsstellen zur Unterstützung der Führungskräfte weit verbreitet. Beispiele für Stabsstellen: Öffentlichkeitsarbeit, Rechtsberatung, Controlling etc.

Spartenorganisation: Gliederung des Unternehmens in Sparten nach dem Objektprinzip (meist nach Produktgruppen)

Vorteile	Nachteile	Anwendung
- Erfolgsmotivation durch wirtschaftliche Eigenverantwortung der Sparten, flexible Entscheidungen, Markt- und Kundenorientierung, - Übernahme und Verkauf von Unternehmensteilen werden erleichtert	- Gefahr von Konkurrenzdenken zwischen den Sparten, - ineffiziente Nutzung gemeinsamer Ressourcen, - Mehraufwand durch Parallelfunktionen (z. B. benötigt jede Sparte einen eigenen Einkauf), - erhöhter Bedarf an Führungskräften	bei großen Unternehmen mit unterschiedlichen Produktgruppen; Technologie, Kundenstruktur und Wettbewerbsumfeld stellen an jede Produktgruppe (Sparte) spezifische Anforderungen

Matrixorganisation: Mehrliniensystem mit gleichzeitiger Funktions- und Objektgliederung

Vorteile	Nachteile	Anwendung
- Entlastung der Führungskräfte, - Nutzung von Fach- und Objektkompetenzen, - kurze Kommunikations- und Entscheidungswege, flexible Entscheidungen	- Gefahr von Kompetenzüberschneidungen und Entscheidungskonflikten (Entscheidungsverzögerungen), - evtl. zu viele Befehlsquellen für die einzelnen Mitarbeiter, - hoher Aufwand für Kompetenzregelungen, - viele Führungskräfte erforderlich	interessant für große Unternehmen mit unterschiedlichen Produktgruppen und komplexen Aufgabenbereichen

Teamorientierte Organisation: Hierarchiefreie Teams aus gleichgestellten Mitarbeitern

Vorteile	Nachteile	Anwendung
- Förderung von Kreativität, Innovationskraft und Motivation der Mitarbeiter, - geringer Führungsaufwand, - Flexibilität, - kurze Kommunikationswege	- Gefahr von Kompetenzstreitigkeiten und Entscheidungsverzögerungen, - hohes Maß an Sozialkompetenz und Teamfähigkeit erforderlich	bei Projekten, deren Erfolg von der Kreativität und Innovationsfähigkeit der Mitarbeiter abhängt (z. B. Werbekampagnen, Forschungsprojekte)

Beispiel: Mögliche Organisation der Antriebstechnik AG

Kehren wir zurück zur Ausgangsfrage: Welche der Organisationsformen ist nun für die Antriebstechnik AG angemessen?

Der hart umkämpfte Markt erfordert ein hohes Maß an Flexibilität, Kundenorientierung und wirtschaftlicher Eigenverantwortung der Organisationseinheiten. Die Dynamik des Wettbewerbs könnte den Zu- oder Verkauf von Produktgruppen strategisch sinnvoll erscheinen lassen. Dies alles spricht für eine Spartenorganisation. Es erfolgt deshalb eine Gliederung nach Sparten in Motoren, Getriebe und individuelle Antriebssysteme.

Andererseits sollen unnötige Parallelfunktionen vermieden und Synergieeffekte produktübergreifend genutzt werden. Dies wiederum erfordert zentrale Funktionen, die einheitlich für alle Produktgruppen von Zentralabteilungen wahrgenommen werden.

Zentralabteilungen:	Funktionen:
Zentraleinkauf	strategische Einkaufsaufgaben (z. B. Abschluss von Rahmenverträgen)
Finanzen	Rechnungswesen, Jahresabschluss, Kapitalbeschaffung, Controlling
Personal	z. B. Entgeltabrechnung, Personalbeschaffung, Weiterbildung
Verwaltung	z. B. Gebäudemanagement, EDV-Systeme, Kantine

Stäbe könnten die Unternehmensleitung entlasten, indem sie Spezialgebiete übernehmen (Öffentlichkeitsarbeit, Qualitätsmanagement).

Vorschlag für ein Organigramm der Antriebstechnik AG:*

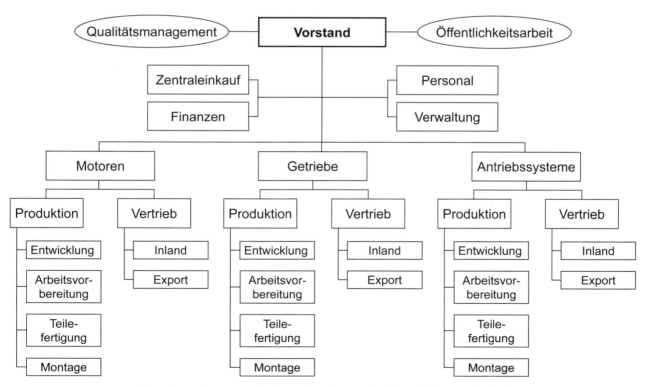

* Das Organigramm enthält nur Abteilungen. Auf eine Abbildung der Stellen und eine Benennung der Abteilungsleiter wird hier aus Gründen der Übersichtlichkeit verzichtet.

Dieses Organigramm stellt nur eine von vielen denkbaren Organisationsvarianten für die Antriebstechnik AG dar. Es ist eine Kombination verschiedener Organisationsformen und -prinzipien. Es finden sich Elemente der Sparten- und der Matrixorganisation wieder. Sowohl das Verrichtungsprinzip (z. B. in der Produktion) als auch das Objektprinzip (z. B. im Vertrieb) kommen zum Einsatz. Derartige Mischsysteme sind in der Praxis vor allem bei größeren Unternehmen weit verbreitet, da eine Organisationsform allein den komplexen Anforderungen nicht gerecht werden könnte.

 Die optimale Organisationsform gibt es nicht. Jede Organisationsform verfügt über Stärken und Schwächen. Ziel ist es, die Stärken der Organisationsformen so zu kombinieren, dass die Organisationsstruktur möglichst optimal an die betriebsspezifischen Erfordernisse angepasst wird.

So trainiere ich für die Prüfung

Aufgaben

1. Wissensfragen

1.1 Lernfragen

1. Nennen Sie drei mögliche Gliederungskriterien für die Aufgabenanalyse.

2. Führen Sie vier Aspekte an, die eine Stellenbeschreibung enthalten sollte.

3. Schlagen Sie drei Abteilungen vor, nach denen man den Funktionsbereich Beschaffung eines Industriebetriebes objektorientiert untergliedern könnte.

4. Zählen Sie jeweils zwei Vorteile und zwei Nachteile des Einliniensystems gegenüber dem Mehrliniensystem auf.

5. Erläutern Sie die Grundstruktur einer Matrixorganisation.

6. Begründen Sie, warum eine Spartenorganisation nicht für alle Industriebetriebe infrage kommt.

7. Erläutern Sie zwei Probleme, die mit Stabsstellen verbunden sein können.

8. Nennen Sie zwei Anwendungsbeispiele, in denen die teamorientierte Organisation sinnvoll eingesetzt werden kann.

1.2 Rätsel

Tragen Sie die Lösungsworte auf die folgenden Fragen in das Raster ein:

1. Stelle mit Leitungsbefugnis

2. Organisationseinheit, die durch Zusammenfassung mehrerer Stellen entsteht

3. Bei der Aufgabenanalyse wird eine komplexe Gesamtaufgabe in ... zerlegt.

4. Organisationsform, die Verrichtungs- und Objektprinzip kombiniert

5. Rangfolge, die sich aus dem Über-/Unterordnungsverhältnis der Stellen ergibt

6. Berechtigung, anderen Stellen Anordnungen zu erteilen

7. System, bei dem einzelne Stellen von mehreren unmittelbar übergeordneten Stellen Weisungen erhalten können

8. Divisionale Organisation

9. In einer Matrixorganisation sind die Stellen jeweils einem Funktions- und einem ... unterstellt.

10. Gegenstück zum Verrichtungsprinzip

11. Abbildung der Organisationsstruktur

12. Kleinste organisatorische Einheit

13. Zusammenfassung von Teilaufgaben zu organisatorischen Einheiten

14. Organisatorische Einheit mit Beratungsfunktion, aber ohne Weisungsbefugnis

15. Das Einliniensystem ist nach dem Prinzip der Einheit der ... ausgerichtet.

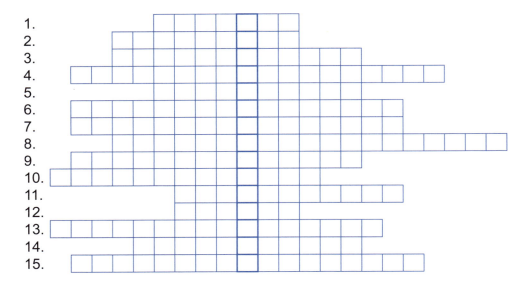

1.3 Mehrfachauswahl

Kreuzen Sie eine oder mehrere richtige Lösungen an.

1. Welche Aussage zur Aufgabenanalyse ist richtig?

   a) Die Aufgabenanalyse zerlegt Abteilungen in Stellen.

   b) Im Rahmen der Aufgabenanalyse entstehen aus komplexen Aufgaben Abteilungen.

   c) Die Aufgabenanalyse zerlegt komplexe Gesamtaufgaben in konkrete Teilaufgaben.

   d) Ziel der Aufgabenanalyse ist die Bildung eines Weisungssystems.

   e) Die Aufgabenanalyse fasst Teilaufgaben zu Stellen zusammen.

2. Welche Gliederung ist objektorientiert?

   a) Ein Industriebetrieb wird in die Abteilungen Beschaffung, Produktion, Absatz, Finanzen und Verwaltung unterteilt.

   b) Der Vertrieb besteht aus den Abteilungen Industrie, öffentliche Auftraggeber und Großhandel.

   c) Die Beschaffung wird in die Abteilungen Einkauf, Warenannahme und Lager gegliedert.

   d) Die Zentralabteilungen Finanzen, Kommunikation und Personal werden gegründet.

   e) Die Produktion wird in Teilefertigung, Montage und Qualitätskontrolle aufgeteilt.

3. Welche Vorteile weist eine Matrixorganisation gegenüber einem Einliniensystem auf?

a) Die Befehlswege sind eindeutig geregelt.

b) Es werden weniger Führungskräfte benötigt.

c) Es kann leichter zu Kompetenzüberschneidungen zwischen den Instanzen kommen.

d) Die Unternehmensführung wird entlastet.

e) Die Matrixorganisation besitzt ein übersichtlicheres Weisungssystem.

f) Die Entscheidungswege sind kürzer.

g) Die Gefahr von Kompetenzstreitigkeiten zwischen den Instanzen ist geringer.

4. Bringen Sie die folgenden Schritte der Aufgabenanalyse und -synthese in die richtige Reihenfolge:

Bearbeitungsschritt	Reihenfolge (Ziffer 1 bis 5)
Erstellung eines Organigramms	
Zerlegung der Gesamtaufgaben in Teilaufgaben	
Bildung eines Weisungssystems	
Zusammenfassung von Stellen zu Abteilungen	
Bündelung von Teilaufgaben zu Stellen	

5. Ordnen Sie folgenden Merkmale der jeweiligen Organisationsform zu:

a) Jede Stelle ist einem Funktions- und einem Produktmanager unterstellt.

b) Es gibt keine Hierarchie innerhalb der Mitarbeiter einer Gruppe.

c) Jede Stelle hat genau einen unmittelbaren Vorgesetzten.

d) Stellen ohne Weisungsbefugnis stehen den Linieninstanzen beratend zur Seite.

e) Die unterschiedlichen Produktgruppen tragen ein hohes Maß an wirtschaftlicher Eigenverantwortung und weisen ein eigenes Ergebnis aus.

f) Linieninstanzen können auch Weisungen an untergeordnete Stellen anderer Linien erteilen.

Organisationsformen	Merkmale
Einliniensystem	
Mehrliniensystem	
Stabliniensystem	
Spartenorganisation	
Matrixorganisation	
Teamorientierte Organisation	

2. Fallsituation

Die Schrauben GmbH hat 500 Mitarbeiter und stellt in ihrem Werk verschiedene Schraubentypen her. Zu den Kunden der Schrauben GmbH zählen hauptsächlich Industrieunternehmen und Großhandelsbetriebe. Etwa ein Drittel der Aufträge kommt aus dem Ausland.

Organigramm der Schrauben GmbH*:

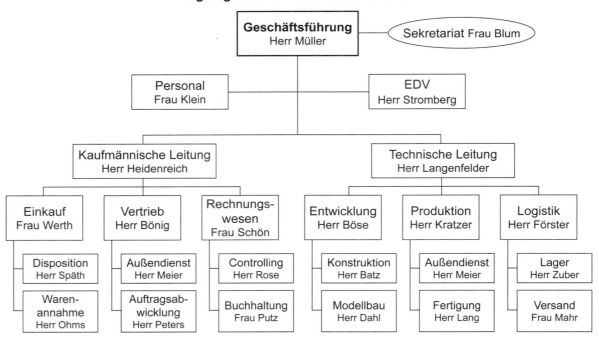

* Das Organigramm enthält Abteilungen und die jeweiligen Abteilungsleiter. Die ausführenden Stellen sind nicht abgebildet.

Die Unternehmensleitung der Schrauben GmbH vertritt die Ansicht, dass die aktuelle Organisationsstruktur nicht mehr in allen Belangen angemessen ist. Ein Team von Organisationsspezialisten, dem auch Sie angehören, wird mit der Aufgabe betraut, einen Entwurf für die Umstrukturierung zu erarbeiten.

a) Ein Teamkollege schlägt die Umwandlung in eine Spartenorganisation vor, da dies eine bessere Erfolgsübersicht ermöglichen würde. Was spricht aus Ihrer Sicht gegen diesen Vorschlag? Begründen Sie Ihre Antwort anhand von zwei Argumenten.

b) Herr Langenfelder, der technische Leiter, sieht sich mit den zunehmenden Qualitätsanforderungen und -normen, die von den Kunden vorgegeben werden, überfordert. Die Geschäftsleitung möchte daher einen Qualitätsexperten (Herrn Olm) einstellen, der Herrn Langenfelder bei der Einführung und Weiterentwicklung eines Qualitätsmanagementsystems unterstützen soll. Die bestehende Weisungsstruktur soll dabei jedoch möglichst wenig verändert werden. Wie könnte dieses Problem organisatorisch gelöst werden?

c) Im Vertrieb sollen die Abteilungen Außendienst und Auftragsabwicklung ersetzt werden durch eine Gliederung, die kundenspezifische Anforderungen stärker berücksichtigt. Unterbreiten Sie einen Vorschlag für die Neustrukturierung des Vertriebs. Begründen Sie Ihre Antwort.

d) Der Einkauf muss ebenfalls umstrukturiert werden. Die Warenannahme wird in die Abteilung „Lager" im Logistikbereich integriert und eine neue Abteilung „Strategischer Einkauf" entsteht. Die neue Abteilung besteht aus einem Leiter (Herr Lunz), zwei Sachbearbeitern und einer studentischen Hilfskraft, die einen 15-Stunden-Vertrag besitzt. Der Leiter des strategischen Einkaufs darf mit Lieferanten Vertragsverhandlungen bis zu einem Auftragsvolumen von 300.000,00 € führen und Verträge bis zu einem Auftragsvolumen von 100.000,00 € abschließen. Die Verträge muss er mit dem Zusatz „i. V." unterzeichnen. Für den Leiter des strategischen Einkaufs liegt ein unvollständiger Entwurf einer Stellenbeschreibung vor. Ergänzen Sie die fehlenden Informationen (Punkte 1 bis 4).

Stellenbeschreibung

1. Stellenbezeichnung	
2. Vorgesetzte/r	
3. Untergeordnete Stellen	
4. Vollmachten und Vertretung	
5. Zielsetzung	Der Stelleninhaber/die Stelleninhaberin sorgt durch ständige Marktbeobachtung für eine sichere und wirtschaftliche Materialbeschaffung. Er/sie plant zusammen mit dem Leiter der Disposition die Beschaffung aller Stahleinsatzprodukte.
6. Aufgaben	Beobachtung der Preisentwicklung und des technischen Wandels auf dem Beschaffungsmarkt Betriebsbesichtigungen bei Lieferanten Besuch von Messen und Ausstellungen Verhandlungsführung und Vertragsabschlüsse mit Lieferanten

e) Passen Sie das Organigramm der Schrauben GmbH der Umstrukturierung (Aufgaben b, c, d) an, indem Sie die neuen Organisationseinheiten einzeichnen und die fehlenden Begriffe ergänzen.

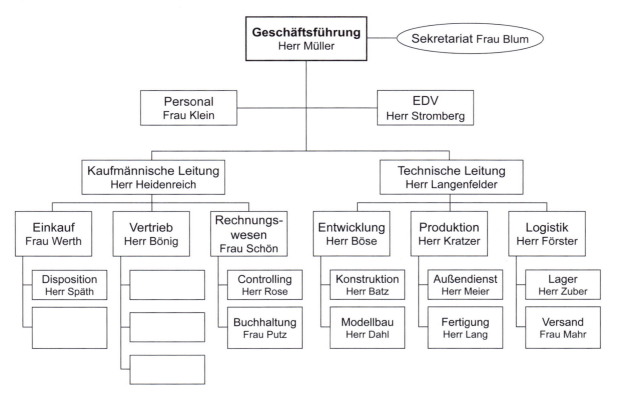

Lösungen

1. Wissensfragen

1.1 Lernfragen

1. Z. B. Verrichtungen, Objekte, Phasen (planen, durchführen, kontrollieren)

2. Z. B. unmittelbare Vorgesetzte, Weisungsbefugnis, Aufgabengebiet, Anforderungen an den Stelleninhaber

3. Z. B. Rohstoffe, Fremdbauteile, Hilfs- und Betriebsstoffe

4. Vorteile: z. B. eindeutige Dienstwege, keine Kompetenzkonflikte
Nachteile: z. B. lange Dienstwege, hohe Belastung der Führungskräfte

5. Die Matrixorganisation ist eine Kombination aus Verrichtungs- und Objektprinzip. Funktionsmanager leiten die Funktionsbereiche, Objektmanager leiten die Objektgruppen. Jede Stelle erhält Weisungen von einem Funktions- und einem Objektmanager.

6. Eine Spartenorganisation macht nur Sinn, wenn das Unternehmen unterschiedliche Produktgruppen aufweist. Unternehmen, deren Produkte sich nur unwesentlich unterscheiden, kommen daher für eine Spartenorganisation nicht infrage.

7. Die Stäbe haben keine Weisungsbefugnis und werden deshalb evtl. nicht von allen Mitarbeitern ernst genommen.

Die Stabsstellen und die Linieninstanzen vertreten evtl. gegensätzliche Meinungen. Beide versuchen die Unternehmensleitung zu beeinflussen. Dies kann zu Konflikten zwischen den Stabsstellen und den Linieninstanzen führen.

8. Z. B. Planung einer Werbekampagne, Durchführung eines Forschungsprojektes

1.2 Rätsel

1.				I	N	S	T	**A**	N	Z						
2.			A	B	T	E	I	**L**	U	N	G					
3.			T	E	I	L	A	U	**F**	G	A	B	E	N		
4.	M	A	T	R	I	X	O	R	**G**	A	N	I	S	A	T	I	O	N
5.				H	I	E	R	**A**	R	C	H	I	E			
6.	W	E	I	S	U	N	G	S	**B**	E	F	U	G	N	I	S
7.	M	E	H	R	L	I	N	I	**E**	N	S	Y	S	T	E	M
8.			S	P	A	R	T	E	**N**	O	R	G	A	N	I	S	A	T	I	O	N
9.		P	R	O	D	U	K	T	M	**A**	N	A	G	E	R	
10.	O	B	J	E	K	T	P	R	I	**N**	Z	I	P			
11.						O	R	G	**A**	N	I	G	R	A	M	M
12.						S	T	E	**L**	L	E					
13.	A	U	F	G	A	B	E	N	S	**Y**	N	T	H	E	S	E
14.				S	T	A	B	S	**S**	T	E	L	L	E		
15.	A	U	F	T	R	A	G	S	**E**	R	T	E	I	L	U	N	G

Lösungswort: Aufgabenanalyse

1.3 Mehrfachauswahl

1. c

Bei der Aufgabenanalyse entstehen weder organisatorische Einheiten noch Weisungssysteme, sondern Teilaufgaben.

2. b

Industriekunden, öffentliche Auftraggeber und Großhandel sind Kundengruppen und damit Objekte.

a), c), d), e) Funktionsorientierung (Verrichtungsprinzip)

3. d und **f**

d) Funktions- und Produktmanager nehmen der Unternehmensleitung Entscheidungen ab.

f) Direkte Verbindungen der ausführenden Stellen zu den Funktions- und Produktmanagern

a) und e) Das Einliniensystem ist übersichtlicher und vom Befehlsweg her eindeutig geregelt.

b) Die Matrixorganisation benötigt aufgrund der zweidimensionalen Leitungsstruktur mehr Führungskräfte.

c) Richtig, aber kein Vorteil, sondern ein Nachteil der Matrixorganisation

g) Die Gefahr von Kompetenzstreitigkeiten ist größer.

	Bearbeitungsschritt	Reihenfolge (Ziffer 1 bis 5)
4.	Erstellung eines Organigramms	5
	Zerlegung der Gesamtaufgaben in Teilaufgaben	1
	Bildung eines Weisungssystems	4
	Zusammenfassung von Stellen zu Abteilungen	3
	Bündelung von Teilaufgaben zu Stellen	2

	Organisationsformen	Merkmale
5.	Einliniensystem	c
	Mehrliniensystem	f
	Stabliniensystem	d
	Spartenorganisation	e
	Matrixorganisation	a
	Teamorientierte Organisation	b

2. Fallsituation

a)

Eine sinnvolle Unterteilung in verschiedene Produktgruppen (Sparten) ist nicht möglich, da ausschließlich Schrauben produziert werden. Die Ähnlichkeit der Produkte ist zu groß und der Kundenstamm zum Teil identisch. Auch die Größenordnung des Unternehmens (500 Mitarbeiter)

D

spricht eher gegen eine Spartenorganisation. Die einzelnen Sparten würden verhältnismäßig klein ausfallen, aber trotzdem einen eigenen Einkauf, Vertrieb sowie eine eigene Produktion und Leitung benötigen. Zusätzliche Aufwendungen durch Parallelfunktionen wären die Folge.

b)

Schaffung einer Stabsstelle „Qualitätsmanagement" mit Beratungsfunktion gegenüber dem technischen Leiter, aber ohne Weisungsbefugnis.

C

c)

Vorschlag: Gliederung des Vertriebs in die Abteilungen Industrie, Großhandel und Export.

B

Begründung: Industrie- und Großhandelsbetriebe sind die wichtigsten Kundengruppen. Da ca. ein Drittel der Aufträge aus dem Ausland kommt und bei Exportaufträgen oft besondere Aspekte zu beachten sind (z. B. Zoll, Transport etc.), sollte hierfür eine eigene Abteilung geschaffen werden.

d)

B

Stellenbeschreibung	
1. Stellenbezeichnung	**Leiter/in der Abteilung „Strategischer Einkauf"**
2. Vorgesetzte/r	**Leiter/in der Abteilung „Einkauf"**
3. Untergeordnete Stellen	**2 Sachbearbeiter des strategischen Einkaufs, 1 studentische Hilfskraft**
4. Vollmachten und Vertretung	**Vertragsabschlüsse bei Lieferantenverträgen bis 100.000,00 € Verhandlungsführung bei Lieferantenverträgen bis 300.000,00 € Unterschrift: „i. V."**
5. Zielsetzung	Der Stelleninhaber/die Stelleninhaberin sorgt durch ständige Marktbeobachtung für eine sichere und wirtschaftliche Materialbeschaffung. Er/sie plant zusammen mit dem Leiter der Disposition die Beschaffung aller Stahleinsatzprodukte.
6. Aufgaben	Beobachtung der Preisentwicklung und des technischen Wandels auf dem Beschaffungsmarkt Betriebsbesichtigungen bei Lieferanten Besuch von Messen und Ausstellungen Verhandlungsführung und Vertragsabschlüsse mit Lieferanten

e)

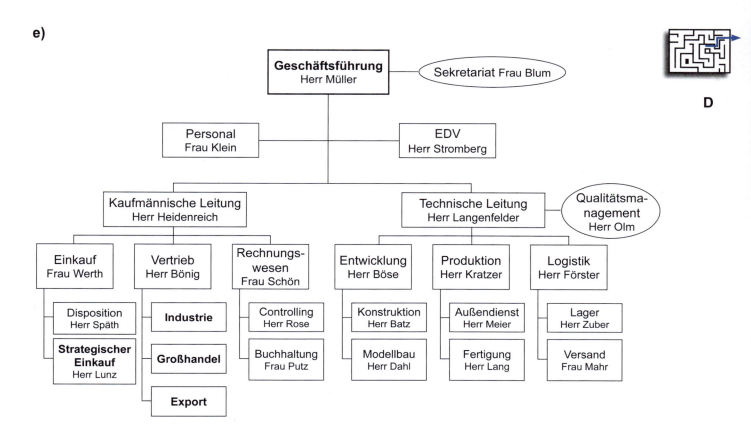

D

2. Organisation von Geschäftsprozessen

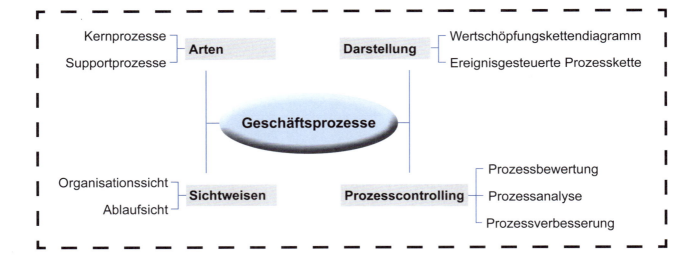

Was muss ich für die Prüfung wissen?

2.1 Arten von Geschäftsprozessen

 Als Prozess bezeichnet man eine Folge von zusammenhängenden Aktionen. Ein Geschäftsprozess besteht aus sachlogisch zusammenhängenden und inhaltlich abgeschlossenen Aktionen, die zur Realisierung der Unternehmensziele dienen und direkt oder indirekt zur Wertschöpfung beitragen.

Kernprozesse: Prozesse, die wahrnehmbaren Kundennutzen erbringen und damit unmittelbar zur Wertschöpfung beitragen. Dazu gehören alle Prozesse der Leistungserstellung (Produktion) und des Absatzes.

Unterstützungsprozesse (Supportprozesse): Sie unterstützen die Kernprozesse und leisten somit einen indirekten Beitrag zur Wertschöpfung. Supportprozesse weisen keine direkte Schnittstelle zum Kunden auf. Zu den Supportprozessen zählen z. B. Finanzierungs- und Personalprozesse. Beschaffungsprozesse können je nach Sichtweise als Teil eines Kernprozesses oder als Supportprozess für den Leistungserstellungsprozess dargestellt werden.

Managementprozesse: Diese Prozesse dienen der Leitung des Unternehmens (z. B. strategische Planung von Unternehmenszielen etc.).

2.2 Betrachtungsweisen von Geschäftsprozessen

Je nachdem unter welchen Gesichtspunkten man einen Geschäftsprozess betrachtet, können drei Sichtweisen unterschieden werden:

Sichtweise	Fragestellung	Beispiel: Einkaufsprozess
Ablaufsicht	Welche Aktivitäten laufen im Rahmen von Prozessen ab und wie hängen diese zusammen?	Anfrage erstellen, Angebote vergleichen...
Organisationssicht	Wer steuert und kontrolliert die Prozesse als Prozessverantwortlicher (Stelle, Abteilung)?	Sachbearbeiter im Einkauf
Informationssicht (Datensicht)	Über welche Informationssysteme wird der Prozess abgewickelt und welche Daten sind dazu erforderlich?	Benötigte Daten: Lieferantendatei, Angebot...

2.3 Darstellung von Geschäftsprozessen

Für die Modellierung von Geschäftsprozessen existieren mehrere Methoden der grafischen Darstellung. Zu den bekanntesten gehören das Wertschöpfungskettendiagramm und die Ereignisgesteuerte Prozesskette (EPK).

Wertschöpfungskettendiagramm:

In einem Wertschöpfungskettendiagramm wird der Ablauf eines Geschäftsprozesses dargestellt. Die einzelnen Vorgänge werden in der Reihenfolge ihres Ablaufs aneinandergereiht. Jeder Kernprozess besteht aus Teilprozessen, die wiederum in kleinere Teilprozesse zerlegt werden können.

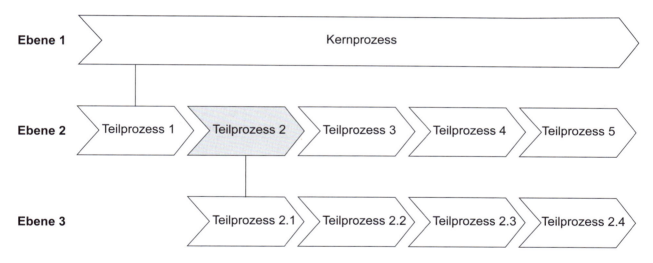

Je nachdem, wie detailliert der Prozess dargestellt werden soll, ergeben sich verschiedene Hierarchiestufen (Ebenen, Level) vom Kernprozess bis hin zu konkreten Tätigkeiten.

Ereignisgesteuerte Prozesskette (EPK)

In einer EPK lösen Ereignisse Aktivitäten bzw. Prozesse (Funktionen) aus, die wiederum Ereignisse herbeiführen. EPKs beginnen und enden mit Ereignissen. Verbindungen zwischen den Ereignissen und Funktionen symbolisieren den sachlogischen und zeitlichen Ablauf. Werden den Funktionen zusätzlich noch Organisationseinheiten, Informationsobjekte, Dokumente etc. zugeordnet, so spricht man von einer erweiterten Ereignisgesteuerten Prozesskette (eEPK). Die Aussagekraft über den Ablauf von Geschäftsprozessen wird dadurch wesentlich erhöht.

Grafische Elemente einer eEPK

Elemente	Bedeutung	Beispiele
Ereignis	Eintreten eines Zustandes; Ereignisse können Funktionen (Handlungen) auslösen bzw. das Ergebnis einer Funktion sein.	Eintreffen eines Kundenauftrags, Rechnungseingang
Funktion	Funktionen sind Handlungen; sie werden durch Ereignisse ausgelöst und durch eine Organisationseinheit durchgeführt.	Auftrag erfassen, Rechnung prüfen
Organisations-einheit	Organisationseinheiten geben an, wer die Funktion ausführt (Stellen, Abteilungen).	Vertrieb bzw. Vertriebssachbearbeiter
Informations-objekt	Informationsobjekte enthalten die für die Durchführung der Funktion notwendigen Daten.	Lieferantendatenbank, Artikeldatei
Dokument	Schriftliche Dokumente, die für die Durchführung einer Funktion benötigt werden bzw. durch sie entstehen.	Angebot, Bestellung

Verknüpfungs-operatoren	Bedeutung	Beispiele
und ∧	UND Es wird sowohl der eine als auch der andere Ast durchlaufen.	Ware wird eingelagert und eine Wareneingangsmeldung erstellt.
oder ∨	inklusives ODER Es wird der eine oder der andere Ast durchlaufen, oder es werden beide Äste durchlaufen.	Ein Kundenauftrag wird abgelehnt, weil der Kunde nicht kreditwürdig ist oder weil der Artikel nicht verfügbar ist oder weil beides zutrifft.
xor X	exklusives ODER Es wird entweder der eine oder der andere Ast durchlaufen.	Ein Auftrag wird entweder bestätigt oder abgelehnt.

Verbindungslinien	Bedeutung
↓	Kontrollfluss Er verläuft von oben nach unten und legt die Reihenfolge der Ereignisse und Funktionen fest.
→ ←	Informationsfluss Er verläuft horizontal und zeigt den Datenfluss zwischen Funktionen und Informationsobjekten.
....	Organisatorische Zuordnung Sie verbindet die Funktion mit der ausführenden Organisationseinheit. (Diese Linie wird nicht immer abgebildet.)

2.4 Prozessmanagement und -controlling

Das Prozessmanagement hat zum Ziel, Geschäftsprozesse möglichst optimal zu gestalten. Die Aufgaben des Prozesscontrolling bestehen darin, Geschäftsprozesse im Hinblick auf ihre Zielerreichung zu überwachen und zu steuern.

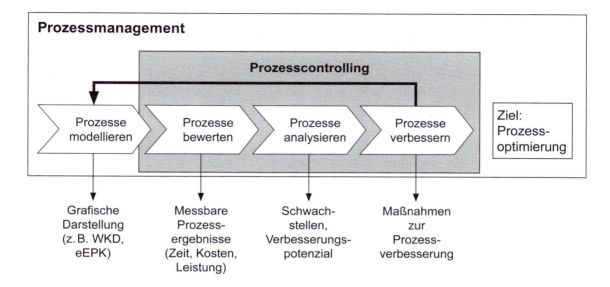

Grafische Darstellung (z. B. WKD, eEPK)

Messbare Prozessergebnisse (Zeit, Kosten, Leistung)

Schwachstellen, Verbesserungspotenzial

Maßnahmen zur Prozessverbesserung

Voraussetzung für erfolgreiches Prozessmanagement ist, dass die betrieblichen Prozesse nachvollziehbar sind. Dies erfordert eine systematische Darstellung und Dokumentation der Geschäftsprozesse (Geschäftsprozessmodellierung).

Das Prozesscontrolling benötigt eindeutige und möglichst objektiv messbare Ziele. Im Rahmen der Prozessbewertung werden die Prozessergebnisse gemessen und mit den Zielen verglichen, um Abweichungen festzustellen.

Man unterscheidet Kosten-, Leistungs- und Zeitziele.

Zieldimensionen des Prozesscontrolling

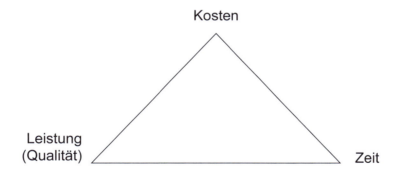

Zieldimension:	Beispiele:
Kosten	Lagerkosten, Materialkosten
Zeit	Durchlaufzeit, Rüstzeit
Leistung	Produktqualität, Ausbringungsmenge

Die Prozessanalyse wertet die gemessenen Abweichungen aus und sucht nach deren Ursachen. Sie deckt Schwachstellen auf und liefert damit mögliche Ansatzpunkte für eine Prozessverbesserung. Maßnahmen zur Verbesserung der Prozesse werden vorgeschlagen, deren Umsetzung dann in den betroffenen Abteilungen des Unternehmens erfolgt. Die Maßnahmen machen wieder eine Neugestaltung von Prozessen erforderlich und somit beginnt der Kreislauf des Prozesscontrolling wieder von vorne. Man spricht in diesem Zusammenhang auch von einem „Kontinuierlichen Verbesserungsprozess" (KVP).

Was erwartet mich in der Prüfung?

Moderne Industriebetriebe richten ihre betrieblichen Abläufe prozessorientiert aus. Sie sollten daher in der Lage sein, Geschäftsprozesse strukturiert darzustellen, Geschäftsprozessmodelle zu interpretieren und Ansätze für eine Prozessverbesserung zu erkennen.

Am Beispiel des Kernprozesses „Kundenauftragsbearbeitung" werden folgende Fragestellungen durchgespielt.

1. Das Lernlabyrinth

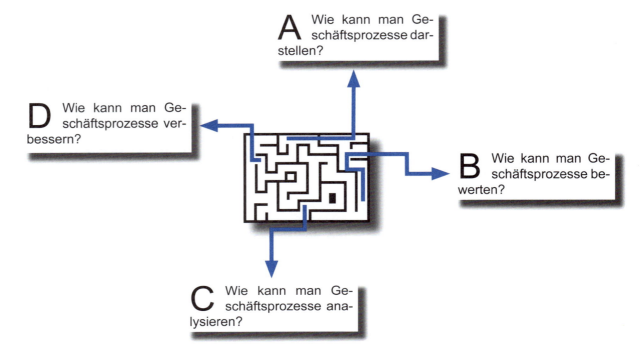

2. Wege aus dem Labyrinth

 **A Wie kann man Geschäftsprozesse darstellen?**

Wahl der Darstellungsform:

Das **Wertschöpfungskettendiagramm (WKD)** eignet sich dann, wenn der reine Ablauf eines Prozesses im Vordergrund steht. Es werden nur die Funktionen dargestellt. Der große Vorteil ist die Übersichtlichkeit. Die Aussagekraft eines WKD ist jedoch begrenzt, da es keine Informationen zur Organisations- und Informationssicht enthält.

Die erweiterte **Ereignisgesteuerte Prozesskette** (eEPK) erscheint sinnvoll, wenn die Darstellung auch über organisatorische Zuständigkeiten und Informationsobjekte Auskunft geben soll.

Häufig wird der grundlegende Prozessablauf in Form eines WKD abgebildet. Auf einer tieferen Ebene, wo detailliertere Informationen notwendig sind, wechselt dann die Darstellungsform in eine eEPK.

Wie erstellt man ein Wertschöpfungskettendiagramm?

Beispiel: Kernprozess „Kundenauftragsbearbeitung"

 In einem Wertschöpfungskettendiagramm werden ausschließlich Handlungen abgebildet. Verwenden Sie deshalb aktive Formulierungen.

Die Teilprozesse können jetzt weiter zerlegt werden.

Beispiel: Teilprozess „Angebot erstellen"

Der Detaillierungsgrad nimmt nach unten hin zu, bis er das Niveau konkreter Tätigkeiten erreicht.

Wie erstellt man eine erweiterte Ereignisgesteuerte Prozesskette?

Beachten Sie bei der Erstellung einer eEPK folgende Regeln:

- Eine eEPK kann nur mit einem Ereignis beginnen und enden.
- Eine eEPK muss mindestens eine Funktion enthalten.
- Funktionen können nicht direkt mit anderen Funktionen verbunden werden.
- Ereignisse, Organisationseinheiten, Informationsobjekte und Dokumente können jeweils nur mit Funktionen verbunden werden.

Ausschnitt aus der eEPK (Teilprozess „Angebot erstellen")

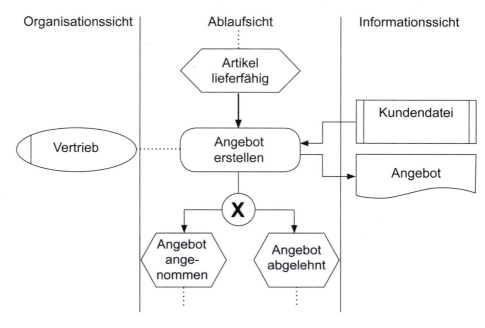

Im Mittelpunkt steht die Funktion „Angebot erstellen". Um diese Funktion herum werden die anderen Elemente gruppiert. Dabei helfen folgende Fragen:

Sichtweise:	Frage:	Antwort:
Ablaufsicht	Welches Ereignis löst die Angebotserstellung aus?	Die Tatsache, dass der angefragte Artikel lieferfähig ist
	Welche Ereignisse können nach der Angebotserstellung eintreten?	Der Kunde lehnt unser Angebot ab oder der Kunde nimmt unser Angebot an (exklusives ODER).
Organisations- sicht	Wer ist für die Angebotserstellung zuständig?	Der Vertrieb
Informationssicht	Welche Informationsobjekte werden für die Angebotserstellung benötigt?	Die Kundendatei (Adresse des Kunden...)
	Welche Informationsobjekte werden bei der Angebotserstellung erzeugt?	Das Angebot (schriftliches Dokument)

 Bei komplexen Prozessen lässt sich eine eEPK vom Umfang her kaum mehr darstellen und wirkt sehr unübersichtlich.

 Um die Übersichtlichkeit zu steigern, können sog. „Trivialereignisse" weggelassen werden. Es folgen dann mehrere Funktionen unmittelbar aufeinander. Dieser „Regelverstoß" wird oft in Kauf genommen, um die Prozesskette übersichtlicher darstellen zu können.

Beispiel: Auf die Funktion „Preis kalkulieren" müsste das Ereignis „Preis ist kalkuliert" folgen. Dieser Zusammenhang ist jedoch so selbstverständlich, dass man auf eine Abbildung des Trivialereignisses „Preis ist kalkuliert" verzichtet.

Die in der Praxis eingesetzten Prozessmodellierungstools verwenden häufig sog. „Funktionszuordnungsdiagramme". Man sieht zunächst einmal nur die Funktionen der eEPK. Klickt man eine Funktion an, öffnen sich die anderen mit der Funktion verbundenen Elemente (Ereignisse, Organisationseinheit, Informationsobjekte). Somit bleibt die Darstellung übersichtlich und bei Bedarf können nähere Informationen zu jeder einzelnen Funktion abgerufen werden.

 **B Wie kann man Geschäftsprozesse bewerten?**

Schritt 1: Ziele setzen

Legen Sie für den Prozess konkrete Ziele fest. Die Ziele haben Vorgabencharakter, sie definieren den Soll-Zustand.

 Zielsetzungen machen nur Sinn, wenn man die Zielerreichung messen kann. Überprüfen Sie deshalb, ob Ihre Ziele quantitativ messbar sind, und überlegen Sie sich geeignete Kennzahlen.

 Was man nicht messen kann, kann man auch nicht steuern.

Beispiel: Zielvorgabe für den Prozess Kundenauftragsbearbeitung
Liefertreue 96 %, d. h. 96 % aller Kundenaufträge sollen termingerecht ausgeliefert werden.

Schritt 2: Zielerreichung kontrollieren

Die Prozessergebnisse werden gemessen und somit der Ist-Zustand ermittelt.

Beispiel: Es wurden 75 % der Kundenaufträge termingerecht ausgeliefert.
Ergebnis: Liefertreue 75 %

Schritt 3: Soll-Ist-Vergleich

Ermitteln Sie die Abweichung zwischen dem Soll- und dem Ist-Zustand.

Beispiel:
Liefertreue Soll = 96 %
Liefertreue Ist = 75 %
Abweichung = - 21 % (Prozentpunkte)

C Wie kann man Geschäftsprozesse analysieren?

Jetzt geht es darum, die Ursachen für die Zielabweichungen zu finden.

Schritt 1: Schwachstellen aufdecken

Filtern Sie die Ziele heraus, bei denen die Diskrepanz zwischen Soll und Ist besonders groß ausfällt. Hier herrscht Handlungsbedarf.

Beispiel: Die Verfehlung der Liefertreue um 21 Prozentpunkte ist sehr deutlich und muss näher untersucht werden.

Schritt 2: Wo liegen die Ursachen für die Abweichung?

Um das herauszufinden, muss der Prozess sehr detailliert betrachtet werden. Dies kann z. B. mithilfe von Befragungen der beteiligten Mitarbeiter oder von Kunden geschehen.

Beispiel: Aus einer Befragung der Vertriebsmitarbeiter ergibt sich, dass nach der Auftragserfassung immer noch sehr viele Rückfragen beim Kunden notwendig sind. Somit ist ein möglicher Ansatzpunkt für Verbesserungsmaßnahmen identifiziert.

D Wie kann man Geschäftsprozesse verbessern?

Es gibt zahlreiche Möglichkeiten, Prozesse zu verbessern. Häufig fallen die Maßnahmen der Prozessverbesserung in eine der folgenden Kategorien:

Prozess-verbesserung durch...	Erläuterung	Beispiel
Prozess-zusammen-fassung	Zusammenhängende Teilprozesse werden zusammengefasst.	Die Teilprozesse „Preis kalkulieren" und „Vertragsbedingungen festlegen" werden zusammengefasst und von einem Mitarbeiter durchgängig bearbeitet.

Prozessaufspaltung	Ein Prozess wird in mehrere Teilprozesse aufgespaltet.	Der Prozess „Angebot erstellen" wird in eine kaufmännische und eine technische Angebotserstellung aufgeteilt.
Prozesseliminierung	Prozesse, die für die betriebliche Wertschöpfung nicht erforderlich sind, werden abgeschafft.	Die Qualitätsprüfung beim Wareneingang entfällt, weil der Lieferer eine 100-prozentige Qualität gewährleisten kann.
Prozessauslagerung (Outsourcing)	Prozesse werden auf externe Unternehmen verlagert, die kostengünstiger, schneller oder qualitativ besser sind.	Der Transport der Ware zu den Kunden erfolgt nicht mehr durch eigene Fahrzeuge, sondern wird an eine Spedition vergeben.
Prozessautomatisierung	Sich oft wiederholende Prozesse werden standardisiert und computergestützt abgewickelt.	In der Debitorenbuchhaltung meldet das ERP-System automatisch alle fälligen Rechnungen.

Benchmarking als Hilfsmittel zur Prozessoptimierung:

Der Grundgedanke des Benchmarking beruht darauf, dass die eigenen Stärken und Schwächen durch einen Vergleich mit Anderen besser erkennbar sind. Ein Vergleich mit „den Besten" soll Verbesserungspotenziale aufdecken und Ideen für die Optimierung der eigenen Prozesse hervorbringen.

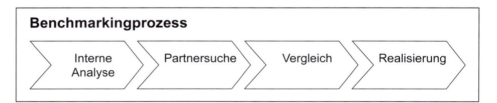

Schritt 1: Interne Analyse

Basis für jedes Benchmarkingprojekt ist eine Analyse der Prozesse im eigenen Betrieb. Der Ablauf der Prozesse muss erfasst und dargestellt werden (z. B. mithilfe einer eEPK). Für die Bewertung der Prozesse müssen geeignete Messgrößen definiert werden.

Schritt 2: Partnersuche

Suchen Sie anschließend einen geeigneten Benchmarkingpartner. Dieser muss

- vergleichbare Prozesse aufweisen,
- in den wichtigen Prozessen besser sein,
- bereit sein, seine Prozesse offen zu legen.

Als Partner kommen infrage:

- Konkurrenzunternehmen,
- Werke, Bereiche oder Tochtergesellschaften innerhalb des gleichen Unternehmens bzw. Konzerns (internes Benchmarking),
- Unternehmen anderer Branchen, die zwar unterschiedliche Produkte, aber ähnliche Prozesse aufweisen (branchenübergreifendes Benchmarking).

Ideal wäre natürlich ein Vergleich mit dem besten Konkurrenten der Branche. Jedoch ist anzunehmen, dass dessen Bereitschaft zur Offenlegung seiner Erfolgsgeheimnisse eher gering sein dürfte.

Deshalb und weil die Datenerhebung einfacher ist, wird in der Praxis häufig ein internes Benchmarking bevorzugt. Branchenübergreifende Benchmarkingprojekte werden vor allem dann angestrebt, wenn im eigenen Unternehmen kein geeigneter Partner vorhanden ist.

Beispiel für ein branchenübergreifendes Benchmarking:
Leiterplattenhersteller - Pralinenhersteller: In beiden Fällen handelt es sich um hochautomatisierte Bestückungsprozesse für große Stückzahlen, sodass ein Vergleich zu verwertbaren Ergebnissen führen könnte.

Schritt 3: Vergleich

Die Prozesse des Partners werden analysiert und mit den eigenen Prozessen verglichen. Die vorher definierten Messgrößen werden dabei gegenübergestellt. Die Abweichungen zeigen die eigenen Schwachstellen und damit auch vorhandene Verbesserungspotenziale.

Schritt 4: Realisierung

Um eine Prozessverbesserung zu erzielen, gibt es prinzipiell zwei Wege:

- Man kann sich an den Erfolgsrezepten des Benchmarkingpartners orientieren (Best Practice Sharing)
- oder eigene Konzepte entwickeln.

Die Umsetzung der Maßnahmen ist jedoch häufig mit Problemen verbunden:

 In den seltensten Fällen sind die eigenen Rahmenbedingungen mit denen des Benchmarkingpartners identisch. Maßnahmen, die bei einem anderen Unternehmen zum Erfolg geführt haben, können daher nicht einfach vorbehaltlos übernommen werden. Unternehmenskultur, Mentalität und Qualifikation der Mitarbeiter, technologische und finanzielle Voraussetzungen für die Umsetzung der Maßnahmen müssen gegeben sein.

Beispiel: Das Vergleichsunternehmen ist in einem Niedriglohnland angesiedelt. Eine Senkung der Arbeitsentgelte auf das Niveau des Vergleichsunternehmens ist an einem Hochlohnstandort nicht realisierbar.

So trainiere ich für die Prüfung

Aufgaben

1. Wissensfragen

1.1 Lernfragen

1. Erläutern Sie den Unterschied zwischen einem Kernprozess und einem Unterstützungsprozess.

2. Führen Sie jeweils zwei Beispiele für einen Kernprozess und einen Unterstützungsprozess an.

3. Nennen Sie vier Elemente, die in einer erweiterten Ereignisgesteuerten Prozesskette mit einer Funktion verbunden sein können.

4. Erläutern Sie jeweils einen Vorteil und einen Nachteil, den die Darstellungsform eines Wertschöpfungskettendiagramms gegenüber einer erweiterten Ereignisgesteuerten Prozesskette aufweist.

5. Geben Sie drei Voraussetzungen an, die ein geeigneter Benchmarkingpartner erfüllen muss.

1.2 Mehrfachauswahl

1. Welche Maßnahme liegt vor, wenn ein Automobilhersteller auf eine Qualitätskontrolle der angelieferten Teile verzichtet, da mit den Lieferern sog. „Nullfehlerverträge" abgeschlossen wurden?

    a) Prozesszusammenfassung

    b) Prozesseliminierung

    c) Prozessautomatisierung

    d) Prozessaufspaltung

    e) Prozessintegration

2. Welche Regel zur Erstellung einer erweiterten Ereignisgesteuerten Prozesskette (eEPK) ist falsch?

    a) Eine eEPK beginnt mit einem Ereignis.

    b) Eine eEPK muss mindestens eine Funktion enthalten.

    c) Auf ein Ereignis können nicht mehrere parallele Funktionen folgen.

    d) Die eEPK wird mit einem Ereignis beendet.

    e) Ereignisse, Organisationseinheiten, Informationsobjekte und Dokumente können jeweils nur mit Funktionen verbunden werden.

3. Welche Vorgänge gehören jeweils zu einem Kernprozess?

a) Angebote für Kunden erstellen

b) Lieferantenrechnungen prüfen

c) Kredite aufnehmen

d) Zahlungstermine überwachen

e) Endprodukte montieren

f) Büromaterial beschaffen

g) Rechnungen erstellen

h) Personal für die Fertigung beschaffen

i) Endprodukte für den Versand verpacken

4. Die Abwicklung eines Kundenauftrags wird als erweiterte Ereignisgesteuerte Prozesskette dargestellt. Ordnen Sie jeweils zu, mit welchem Element in folgenden Fällen die Darstellung erfolgt:

a) Angebot erstellen

b) Angebot abgelehnt

c) Kundendatei

d) Vertrieb

e) Lieferschein

f) Lieferschein erstellen

g) Ware versenden

h) Versandanzeige erstellen

i) Versandlager

j) Lagerdatei

Element	Fall
Funktion	
Ereignis	
Organisationseinheit	
Informationsobjekt	
Dokument	

5. Bringen Sie folgende Phasen eines Benchmarkingprojektes in die richtige Reihenfolge:

Phase	Reihenfolge (Ziffer 1 bis 4)
Partnersuche	
Interne Analyse	
Realisierung	
Vergleich	

1.3 Richtig oder falsch?

Aussage	Richtig oder falsch?
1. Die Kreditorenbuchhaltung gehört zu den Kernprozessen eines Industriebetriebes.	
2. Aus der Ablaufsicht eines Geschäftsprozesses geht u. a. hervor, durch welche Ereignisse die Funktionen ausgelöst werden.	
3. Welche Dokumente und Informationsobjekte für die Durchführung einer Funktion benötigt werden, erkennt man in der Organisationssicht eines Geschäftsprozesses.	
4. „Trivialereignisse" sind Schlüsselereignisse, die in einer eEPK unbedingt dargestellt werden müssen.	
5. Beim Outsourcing werden Prozesse auf externe Unternehmen verlagert, die kostengünstiger, schneller oder qualitativ besser sind.	
6. Von internem Benchmarking spricht man, wenn für einen Vergleich mit einem anderen Unternehmen interne Kennzahlen herangezogen werden.	
7. Für ein Benchmarkingprojekt kommen als Partner nur Betriebe der gleichen Branche infrage.	

2. Fallsituation

Ein Waschmaschinenhersteller produziert qualitativ hochwertige Produkte in Serienfertigung. Um die Abläufe im Betrieb transparenter zu machen, soll zunächst eine Prozessmodellierung in Form eines Wertschöpfungskettendiagramms erfolgen. Dabei werden die Kernprozesse Supply Chain Management (SCM), Product Lifecycle Management (PLM) und Customer Relationship Management (CRM) unterschieden. Eine Analyse der betrieblichen Abläufe liefert folgende Informationen:

Supply Chain Management: Die benötigten Teile werden durch den Einkauf bestellt, in der Warenannahme geprüft und eingelagert. Die Fertigung entnimmt die Teile aus dem Lager und baut sie in die Produkte ein. Die Endprodukte werden an die Kunden ausgeliefert. Mangelhafte Produkte werden zurückgenommen und repariert.

Product Lifecycle Management: Das neue Produkt wird in seinen grundlegenden Eigenschaften geplant und anschließend eine Konstruktionszeichnung angefertigt. Die Produktionsplanung legt die notwendigen Arbeitsabläufe und Betriebsmittel für die Serienfertigung fest. Anschließend erfolgt die Einführung am Markt. Die Produktlebenszyklusdauer wird mit ca. vier Jahren veranschlagt. Am Ende des Lebenszyklus wird das Produkt vom Markt genommen (ausgephast).

Customer Relationship Management: Die Akquisition (Auftragsanbahnung) von Kunden erfolgt vor allem durch Außendienstmitarbeiter, die Vertragsabschlüsse mit Groß- und Einzelhandelsunternehmen herbeiführen sollen. Die Auftragsabwicklung erfolgt durch die zuständige Vertriebsabteilung. Den Kunden wird eine dreijährige Garantie angeboten, innerhalb derer Mängel kostenlos repariert werden. Außerdem sollen Ersatzteile nach Kauf noch 10 Jahre lang erhältlich sein. Kunden werden regelmäßig über neue Produkte informiert und zu Produktvorführungen eingeladen.

a) Nehmen Sie auf Basis der vorliegenden Informationen die notwendigen Ergänzungen im Wertschöpfungskettendiagramm vor.

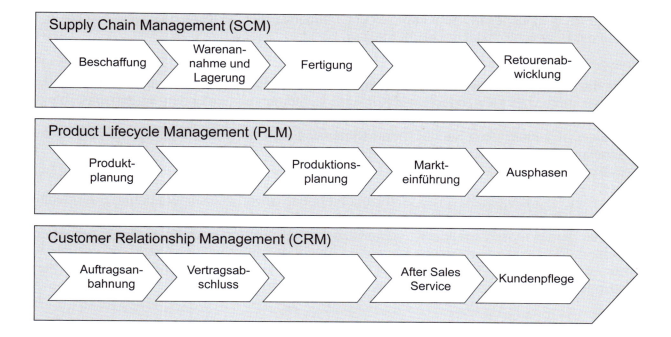

b) Ein Kollege hat bereits einen Teil des Kernprozesses Supply Chain Management als erweiterte Ereignisgesteuerte Prozesskette entworfen. Darin sind jedoch noch einige Fehler enthalten. Analysieren Sie den vorliegenden Ausschnitt aus dieser eEPK und korrigieren Sie die Ihnen auffallenden Fehler direkt in der Abbildung.

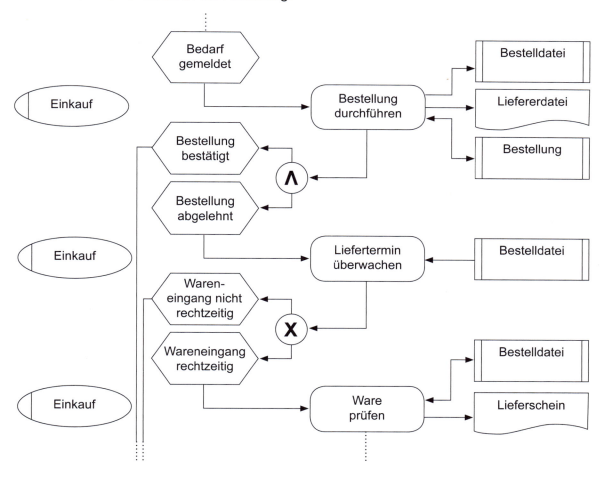

c) Die eEPK wird insgesamt sehr komplex und unübersichtlich. Machen Sie zwei Vorschläge, wie man die Übersichtlichkeit der eEPK steigern könnte.

d) Um die eigenen Prozesse zu verbessern, möchte die Unternehmensleitung ein Benchmarking-projekt starten. Es kann jedoch kein Konkurrenzunternehmen gefunden werden, das zu einem Vergleich bereit wäre. Ein internes Benchmarking scheidet aus, da das Unternehmen hierfür zu klein ist. Unterbreiten Sie der Unternehmensleitung einen Vorschlag, wie man dennoch ein Benchmarkingprojekt durchführen könnte.

e) Das Benchmarkingprojekt soll u. a. dazu führen, den unverhältnismäßig hohen Beschaffungs-aufwand im eigenen Unternehmen zu reduzieren. Die Lieferantenpreise wurden in den letzten Jahren bereits massiv „gedrückt", sodass diesbezüglich kaum noch Kostensenkungspotenzial besteht. Die Ursachen müssen vielmehr im Ablauf des Beschaffungsprozesses gesucht wer-den. Welche Messgrößen sollen dabei für den Vergleich mit dem Benchmarkingpartner heran-gezogen werden? Geben Sie vier sinnvolle Messgrößen an.

f) Eine Erkenntnis aus dem Vergleich mit dem Benchmarkingpartner ist, dass im eigenen Unter-nehmen insgesamt fünf Mitarbeiter an einem Beschaffungsvorgang beteiligt sind:

Ein Disponent, der den Bedarf ermittelt und die Bedarfsmeldung an den Einkauf leitet.
Ein Einkäufer, der Anfragen erstellt und die Angebote kaufmännisch auswertet.
Ein Mitarbeiter aus der Produktion, der die Angebote technisch prüft.
Ein Einkäufer, der die Bestellungen durchführt und die Termineinhaltung überwacht.
Ein Mitarbeiter im Lager, der den Wareneingang prüft und erfasst.

Im Vergleichsunternehmen wird der gleiche Vorgang von nur zwei Mitarbeitern ausgeführt.

Erläutern Sie eine Maßnahme aus dem Bereich der Prozessverbesserung, die Ihnen hier sinn-voll erscheint.

Lösungen

1. Wissensfragen

1.1 Lernfragen

Lösungen:

1. Kernprozesse erbringen wahrnehmbaren Kundennutzen und tragen damit unmittelbar zur Wert-schöpfung bei. Unterstützungsprozesse unterstützen die Kernprozesse.

2. Kernprozesse: z. B. Produktionsprozess, Absatzprozess
Unterstützungsprozesse: z. B. Personalbeschaffungsprozess, Finanzierungsprozess

3. Z. B. Ereignisse, Informationsobjekte, Dokumente, Organisationseinheiten

4. Vorteil: Ein WKD ist übersichtlicher, da nur die Vorgänge (Funktionen) dargestellt werden.
   Nachteil: Ein WKD liefert im Gegensatz zu einer eEPK keine Erkenntnisse über organisatorische Zuständigkeiten und Informationsobjekte.

5. Ein geeigneter Benchmarkingpartner muss

   - vergleichbare Prozesse aufweisen,
   - in den wichtigen Prozessen besser sein,
   - bereit sein, seine Prozesse offen zu legen.

1.2 Mehrfachauswahl

1. **b**

   Der Prozess der Qualitätskontrolle entfällt.

2. **c**

   Auf ein Ereignis können durchaus mehrere Parallelfunktionen folgen.

   Beispiel: Auf das Ereignis „Kundenauftrag eingegangen" können die Funktionen „Kundenauftrag technisch prüfen" und „Kundenauftrag kaufmännisch prüfen" parallel erfolgen.

3. **a, e, g, i**

   Diese Vorgänge gehören zum Absatz- bzw. Produktionsprozess und tragen unmittelbar zur Wertschöpfung bei. Bei den anderen Vorgängen handelt es sich um Unterstützungsprozesse.

4.

Element	Fall
Funktion	**a, f, g, h**
Ereignis	**b**
Organisationseinheit	**d, i**
Informationsobjekt	**c, j**
Dokument	**e**

5.

Phase	Reihenfolge (Ziffer 1 bis 4)
Partnersuche	**2**
Interne Analyse	**1**
Realisierung	**4**
Vergleich	**3**

1.3 Richtig oder falsch?

1. **falsch:** Die Kreditorenbuchhaltung als Teil des Rechnungswesens ist ein Unterstützungsprozess.

2. **richtig**

3. **falsch:** Dokumente und Informationsobjekte werden in der Informations- bzw. Datensicht dargestellt.

4. **falsch:** „Trivialereignisse" sind selbstverständliche Ereignisse, die nicht unbedingt in einer eEPK abgebildet werden müssen.

5. **richtig**

6. **falsch:** Beim internen Benchmarking wird ein Teilbereich des eigenen Unternehmens als Partner herangezogen.

7. **falsch:** Auch ein branchenübergreifendes Benchmarking kann sinnvoll sein, sofern der Partner die Voraussetzungen erfüllt.

2. Fallsituation

A

a)

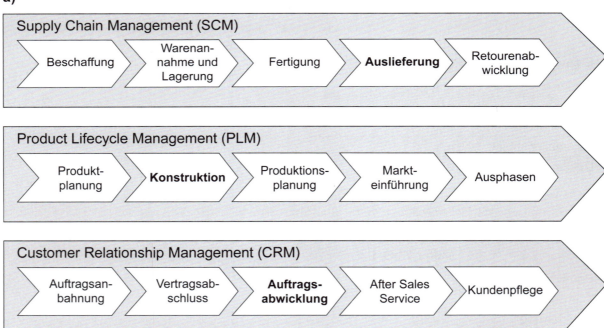

b)

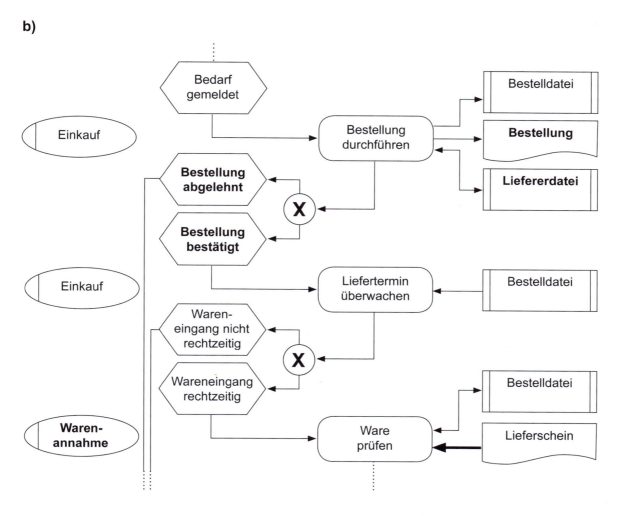

Fehler:

Die Bestellung (Dokument) und die Liefererdatei (Informationsobjekt) wurden vertauscht.

Die Ereignisse „Bestellung bestätigt" und „Bestellung abgelehnt" wurden vertauscht.

Die Verknüpfung dieser beiden Ereignisse erfolgt durch ein exklusives ODER und nicht durch ein UND.

Für die Funktion „Ware prüfen" wird ein Lieferschein benötigt; der Pfeil muss deshalb umgedreht werden.

Die Warenprüfung erfolgt nicht durch den Einkauf, sondern durch die Abteilung Warenannahme.

c)

Vorschlag 1: Trivialereignisse weglassen (z. B. „Bedarf gemeldet")

Vorschlag 2: Funktionszuordnungsdiagramme einsetzen. Somit beschränkt sich die Darstellung auf die Funktionen. Per Mausklick im entsprechenden EDV-Tool können die mit einer bestimmten Funktion verbundenen Elemente sichtbar gemacht werden.

D

d)

Branchenübergreifendes Benchmarking: Ein Unternehmen aus einer anderen Branche, das jedoch vergleichbare Prozesse aufweist, ist evtl. eher zu einer Offenlegung seiner Prozesse bereit, da keine Konkurrenzsituation besteht. Infrage kämen z. B. Fernsehgerätehersteller oder Automobilhersteller, da derartige Betriebe ebenfalls Serienfertigung, Beschaffung von Fremd-bauteilen und Montageprozesse aufweisen.

B, D

e)

Mögliche Messgrößen:

- Anzahl der am Angebotsprozess beteiligten Mitarbeiter
- Dauer der Angebotserstellung
- Anzahl der Lieferanten
- Anzahl der verschiedenen Materialien

C, D

f)

Prozesszusammenfassung: Zumindest die Teilprozesse, an denen die Einkäufer beteiligt sind (Anfrage/Angebotsvergleich/Bestellüberwachung), können zusammengefasst werden. Evtl. kann auch die technische Prüfung gemeinsam mit der kaufmännischen Prüfung erfolgen, sofern es sich um Standardteile handelt und dem Einkäufer die technischen Anforderungen bekannt sind. Dadurch wird der Personalaufwand reduziert und es gibt weniger Schnittstellen im Be-schaffungsprozess, die zu Fehlern und kostspieligen Verzögerungen führen können.
Oder:
Prozessautomatisierung: Mithilfe automatisierter Bestandskontrollen könnten Bedarfsmeldun-gen automatisch an den Einkäufer übermittelt werden, der diese dann nur noch zur Bestellung freigeben muss. Der Personalaufwand in der Disposition würde dadurch weitestgehend entfal-len und der Beschaffungsprozess wäre kürzer.